Polish Tutor

Grammar and Vocabulary Workbook

Polish Tutor

Grammar and Vocabulary Workbook

Joanna Michalak-Gray

First published in Great Britain in 2017 by Hodder and Stoughton. An Hachette UK company.

This edition published in 2017 by John Murray Learning

British Library Cataloguing in Publication Data: a catalogue record for this title is available from the British Library.

Library of Congress Catalog Card Number: on file.

9781473617407

2

The publisher has used its best endeavours to ensure that any website addresses referred to in this book are correct and active at the time of going to press. However, the publisher and the author have no responsibility for the websites and can make no guarantee that a site will remain live or that the content will remain relevant, decent or appropriate.

The publisher has made every effort to mark as such all words which it believes to be trademarks. The publisher should also like to make it clear that the presence of a word in the book, whether marked or unmarked, in no way affects its legal status as a trademark.

Every reasonable effort has been made by the publisher to trace the copyright holders of material in this book. Any errors or omissions should be notified in writing to the publisher, who will endeavour to rectify the situation for any reprints and future editions.

Typeset by Cenveo® Publisher Services.

Printed and bound in Great Britain by CPI Group (UK) Ltd., Croydon, CR0 4YY.

John Murray Learning policy is to use papers that are natural, renewable and recyclable products and made from wood grown in sustainable forests. The logging and manufacturing processes are expected to conform to the environmental regulations of the country of origin.

Carmelite House
50 Victoria Embankment
London EC4Y 0DZ
www.hodder.co.uk

CONTENTS

SCOPE AND SEQUENCE OF UNITS

UNIT	CEFR	TOPIC	LEARNING OUTCOME
UNIT 1 **Pozwól, że się przedstawię** pages 2–10	A2	*Personal details*	• Introduce yourself • Exchange information
UNIT 2 **Badam historię Templariuszy** pages 11–17	A2	*Hobbies, interests and professions*	• Describe your personality and interests
UNIT 3 **Umiem mówić po polsku** pages 18–25	A2	*Education*	• Describe skills and abilities
UNIT 4 **Wypowiedz życzenie** pages 26–35	B1	*Environment*	• Express your wishes • Talk about renting or buying a property
UNIT 5 **Dziwię się, martwię się, wątpię** pages 36–47	B1	*Cities and architecture*	• Express opinions

LANGUAGE		SKILLS	
GRAMMAR	**VOCABULARY**	**READING**	**WRITING**
Main: Verbs (infinitive) / aspect (perfective/ imperfective) tense : present/past/future **Subsidiary:** Verbs followed by other verbs in the infinitive	Personal information Introductions Expressions of intentions Personal experience	Read an e-mail	Write an e-mail about a visit to Poland
Main: Conjugation 1 – present tense **Subsidiary:** Masculine nouns ending in **-a**	Professions, occupations and personality traits	Read a social network profile	Write a social network profile
Main: Conjugation 2 – present tense **Subsidiary:** Direct objects	Knowledge and skills	Read about jobs	Respond to a job advert
Main: Conjugation 3 – present tense **Subsidiary:** **Chciał(a)bym** (I would like)	Looking for and describing accommodation	Understand an advert for a property	Write an advert looking for rented accommodation
Main: Conjugation 4 – present tense **Subsidiary:** Indirect objects	Expressing surprise, doubt and worry	Read about the attractions of city life	Write a blog about starting life in a new area

LANGUAGE		SKILLS	
GRAMMAR	**VOCABULARY**	**READING**	**WRITING**
Main: Past tense Imperfective and perfective verbs **Subsidiary:** Plural: virile/non-virile	Biographies	Read about immigrants in Poland	Write a short biography about a famous Pole
Main: Future tense Imperfective and perfective verbs **Subsidiary:** Days of the week, months, seasons	Talking about childhood and adulthood	Read about a history lecture	Write about an event
Main: Imperative and formal requests **Subsidiary:** Colloquialisms	Being bossy and telling others off	Read a narrative story about giving advice and commands	Write a guide giving advice to learners of Polish
Main: Conditionals	Making travel plans	Read about travel	Write an e-mail about travel plans
Main: Passive/active/reflexive voice Transitive/intransitive/reflexive verbs **Subsidiary:** Nouns describing scientific disciplines	Archeological discoveries Time order words	Read a text about a topic related to general science and culture	Write a blog post about an important discovery

LANGUAGE		SKILLS	
GRAMMAR	**VOCABULARY**	**READING**	**WRITING**
Main: Reported speech **Subsidiary:** Clauses	Arguments and discussions	Read an e-mail about a witness statement and court case	Reply to a blog post with your opinion on the reorganization of the local police station
Main: Adverbs	Scientific experiments, inventions and discoveries	Read about the Polish school of Mathematics	Write about one important Polish academic achievement
Main: Adverbs of manner, time and place Comparative and superlative adverbs **Bardziej** + adverb	Health and well-being	Read about the brain and how the mind works	Write an information leaflet about developing memory
Main: Adverbials of time, place and manner **Subsidiary:** Relative and demonstrative pronouns – **ten, ta; tę** vs **tą**	Talking about scenery, landscape and travel	Read travel brochures Read about the Polish landscape painters	Write a descriptive text about a landscape
Main: Relative pronouns – **który, która, które** **Subsidiary:** Adjective order	Talking about things banned, forbidden and forgotten	Read about forgotten Polish heroes	Write about an inspiring, famous Pole
Main: Adverbial participles Adjectival participles **Subsidiary:** Double and triple negatives	Being negative	Read a short story about looking for family history	Write a short story about an event in the past

LANGUAGE		SKILLS	
GRAMMAR	**VOCABULARY**	**READING**	**WRITING**
Main: Plural nouns **Subsidiary:** Nouns – gender and number	Professions and nationalities	Read an account about family history	Write about your ancestors
Main: Numerals – age/measure/distance/weight **Subsidiary:** Nouns describing sport disciplines Time in different sports	The world of sport	Read about Polish sporting achievements	Write a blog post about yourself and your double life
Main: Verb governance Prepositions with the locative	Food and drink	Read a description of Polish cooking	Write a blog about Polish cooking
Main: Subjectless sentences	The weather and natural phenomena	Read about severe weather in Poland	Write an article about a place of interest

MEET THE AUTHOR

I was born in Poland. When I was 12 years old my parents enrolled me in an English class. It was not a successful attempt to learn English. The grammar appeared to be complicated and the vocabulary too difficult. At the end of the school year I concluded that I was one of those people who would never learn a foreign language. I was wrong.

Some time later I heard songs by The Beatles and I fell in love with English. I wanted to speak English, to read in English, and to understand what The Beatles were singing about. So, step-by-step, I returned to learning English. But this time around it was more than just textbooks. I started collecting articles about Britain and the United States. I tried to listen to songs in English and watch films in English. I spent hours listening to the BBC World Service. I could hardly understand a word, but that did not matter. I often imagined myself being in Britain or in the USA, speaking fluently, visiting my favourite places. Inadvertently, I was using some of the most powerful techniques available to learners – motivation and visualization. The spark of curiosity had been ignited, and my life-long passion for self-education was born.

Slowly, I began to understand more; the grammar became less complicated and the vocabulary was not so difficult after all. A small success was followed by another success, and another. In the end, I decided to study English and became a teacher of English in Poland.

In 1990, I moved to the UK and decided to teach Polish to English-speaking students. I wanted to introduce them to Poland – to its rich heritage, the intriguing history and the people; I wanted to introduce them to the native language of Maria Skłodowska-Curie, Joseph Conrad, Fryderyk Chopin and Pope John Paul II.

After over 30 years of teaching, I now know that learning a foreign language has nothing to do with talent or having a special gift. After all, we do not say that someone has a special gift to speak their native language. It is a skill, and like any skill, it can be taught and learnt.

This book is a guide. I hope it will keep you focused and help you move forward, but I also hope it will encourage you to go off the beaten track – to explore the culture and the language in your own way. Stay curious and embark on a voyage of discovery with *Polish Tutor*.

If you would like to find out more information and useful tips, please visit the *Polish Tutor* blog at www.studypolish.co.uk.

Powodzenia

Joanna Michalak-Gray

ACKNOWLEDGEMENTS

I would like to thank my family and friends too numerous to mention individually in England and in Poland for their direct and indirect contributions. A special thanks to my husband Ian for his support and help with creating the infographics for this book.

As always, I owe a great debt of gratitude to the editors and managers working tirelessly behind the scenes, particularly to the Development Editor Eric Zuarino and to Frances Amrani for their guidance, support and patience.

My heartfelt thanks goes to Michał Budzisz, a very talented artist from Radom, Poland for enhancing the book with his illustration.

I remain in debt to Nigel Gotteri for providing continuous inspiration through his ideas contained in *Complete Polish*.

Any flak should, of course, be directed straight at the author.

HOW TO USE THIS BOOK

If you have studied Polish before but would like to brush up on or improve your grammar, vocabulary, reading and writing skills, this is the book for you. The *Polish Tutor* is a grammar workbook which contains a comprehensive grammar syllabus from high beginner to upper intermediate and combines grammar and vocabulary presentations with over 200 practice exercises.

The language you will learn is presented through concise explanations, engaging exercises, simple infographics, and Personal tutor tips. The infographics present complex grammar points in an accessible format while the Personal tutor tips offer advice on correct usage, colloquial alternatives, exceptions to rules, etc. Each unit contains reading comprehension activities incorporating the grammar and vocabulary taught as well as freer writing and real-life tasks. The focus is on building up your skills while reinforcing the target language. The reading stimuli include emails, blogs, social media posts and business letters using real language so you can be sure you're learning vocabulary and grammar that will be useful for you.

You can work through the workbook by itself or you can use it alongside our *Complete Polish* course or any other language course. This workbook has been written to reflect and expand upon the content of *Complete Polish* and is a good place to go if you would like to practise your reading and writing skills on the same topics.

Icons

 Discovery

 Vocabulary

 Writing

 Reading

 Personal Tutor

THE DISCOVERY METHOD

There are lots of philosophies and approaches to language learning, some practical, some quite unconventional, and far too many to list here. Perhaps you know of a few, or even have some techniques of your own. In this book we have incorporated the Discovery Method of learning, a sort of awareness-raising approach to language learning. This means that you will be encouraged throughout to engage your mind and figure out the language for yourself, through identifying patterns, understanding grammar concepts, noticing words that are similar to English, and more. This method promotes language awareness, a critical skill in acquiring a new language. As a result of your own efforts, you will be able to better retain what you have learnt, use it with confidence, and, even better, apply those same skills to continuing to learn the language (or, indeed, another one) on your own after you've finished this book.

Everyone can succeed in learning a language – the key is to know how to learn it. Learning is more than just reading or memorizing grammar and vocabulary. It's about being an active learner, learning in real contexts, and, most importantly, using what you've learnt in different situations. Simply put, if you figure something out for yourself, you're more likely to understand it. And when you use what you've learnt, you're more likely to remember it.

As many of the essential but (let's admit it!) challenging details, such as grammar rules, are introduced through the Discovery Method, you'll have more fun while learning. Soon, the language will start to make sense and you'll be relying on your own intuition to construct original sentences independently, not just reading and copying.

Enjoy yourself!

1   Make a habit out of learning

▶   Study a little every day, between 20 and 30 minutes is ideal.

▶   Give yourself **short-term goals**, e.g. work out how long you'll spend on a particular unit and work within this time limit, and **create a study habit**.

▶   Try to **create an environment conducive to learning** which is calm and quiet and free from distractions. As you study, do not worry about your mistakes or the things you can't remember or understand. Languages settle gradually in the brain. Just **give yourself enough time** and you will succeed.

2   Maximize your exposure to the language

▶   As well as using this book, you can listen to radio, watch television or read online articles and blogs.

▶   Do you have a personal passion or hobby? Does a news story interest you? Try to access Polish information about them. It's entertaining and you'll become used to a range of writing and speaking styles.

3   Vocabulary

▶   Group new words under **generic categories**, e.g. *food*, *furniture*, **situations** in which they occur, e.g. under *restaurant* you can write *waiter*, *table*, *menu*, *bill*, and **functions**, e.g. *greetings*, *parting*, *thanks*, *apologizing*.

▶   Write the words over and over again. Keep lists on your smartphone or tablet, but remember to switch the keyboard language so you can include all accents and special characters.

▶   Cover up the English side of the vocabulary list and see if you remember the meaning of the word. Do the same for the Polish.

▶   Create flash cards, drawings and mind maps.

▶   Write Polish words on sticky notes and attach them to objects around your house.

▶   **Experiment with words.** Look for patterns in words, e.g. make words in a different case by changing the ending, for example: **-a** to **-ę** as in **kawa/kawę**.

4   Grammar

▶   **Experiment with grammar rules.** Sit back and reflect on how the rules of Polish compare with your own language or other languages you may already speak.

▶   Use known vocabulary to practise new grammar structures.

▶   When you learn a new verb form, write the conjugation of several different verbs you know that follow the same form.

5   Reading

The passages in this book include questions to help guide you in your understanding. But you can do more:

▶   **Imagine the situation.** Think about what is happening in the extract/passage and make educated guesses, e.g. a postcard is likely to be about things someone has been doing on holiday.

- ▶ **Guess the meaning of key words before you look them up.** When there are key words you don't understand, try to guess what they mean from the context.

  If you're reading a Polish text and cannot get the gist of a whole passage because of one word or phrase, try to look at the words around that word and see if you can work out the meaning from context.

6 Writing

- ▶ Practice makes perfect. The most successful language learners know how to overcome their inhibitions and keep going.
- ▶ When you write an email to a friend or colleague, or you post something on social media, pretend that you have to do it in Polish.
- ▶ When completing writing exercises, see how many different ways you can write it, imagine yourself in different situations and try answering as if you were someone else.
- ▶ Try writing longer passages such as articles, reviews or essays in Polish, it will help you to formulate arguments and convey your opinion as well as helping you to think about how the language works.
- ▶ Try writing a diary in Polish every day, this will give context to your learning and help you progress in areas which are relevant to you.

7 Visual learning

- ▶ Have a look at the infographics in this ...book. Do... they help you to visualize a useful grammar point? You can keep a copy of those you find particularly useful to hand to help you in your studies, or put it on your wall until you remember it. You can also look up infographics on the Internet for topics you are finding particularly tricky to grasp, or even create your own.

8 Learn from your errors

- ▶ Making errors is part of any learning process, so don't be so worried about making mistakes that you won't write anything unless you are sure it is correct. This leads to a vicious circle: the less you write, the less practice you get and the more mistakes you make.
- ▶ Note the seriousness of errors. Many errors are not serious as they do not affect the meaning.

9 Learn to cope with uncertainty

- ▶ Don't over-use your dictionary. Resist the temptation to look up every word you don't know. Read the same passage several times, concentrating on trying to get the gist of it. If after the third time some words still prevent you from making sense of the passage, look them up in the dictionary.

Pozwól, że się przedstawię

Let me introduce myself

In this unit you will learn how to:

✓ Recognize infinitives.

✓ Express what I *like / can / am able to / have to / would like to* do (modals).

CEFR: Can write a short email to introduce oneself in writing (CEFR A2); Can read and understand a personal email (CEFR A2).

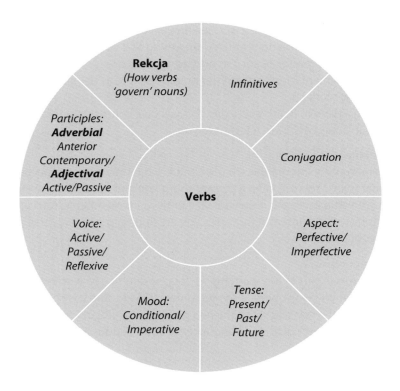

Meaning and usage

Verbs – infinitives/base form

1   Verbs, along with nouns, adjectives and adverbs (among others) are the main building blocks in any language. Verbs are the words we use to talk about actions. Depending on the context, verbs change form. In discussing the verb we will refer to **bezokolicznik** (*infinitive*), **koniugacja** (*conjugation*), **czas** (*tense*), **tryb** (*mood*), **strona** (*voice*) and **imiesłów** (*participle*). We will also discuss **rekcja** – the characteristic of inflected languages – the way in which verbs 'govern' nouns and other parts of speech.

2 In Polish, like in all inflected languages, verbs are powerful enough to create a sentence on their own.

Zapłakał. (*He wept.*)

Rozpłakała się. (*She started crying.*)

Odetchnęli. (*They relaxed.*)

Zamyślił się. (*He got lost in his thoughts.*)

The verbs in the examples may be single words, but they are charged with emotion and they carry all the information we need to establish who did what, when and in what context. To understand how the system works is to unlock a 'secret code' of the Polish language. An infinitive, the base form (sometimes called a dictionary form) of a verb, is the first step in cracking the code.

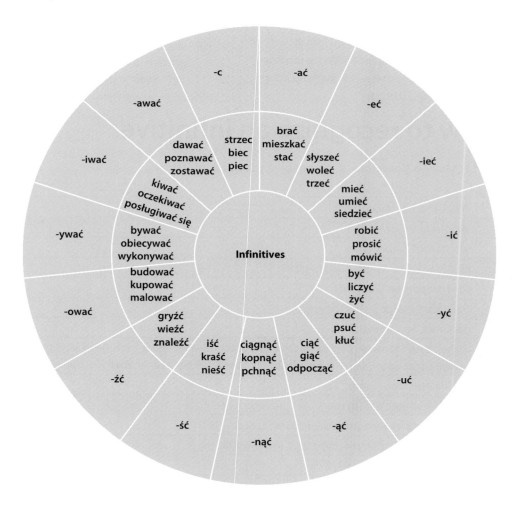

3 Infinitives are easy to spot – most end in **-ć**, while a small group ends in **-c**. In English infinitives are normally preceded by *to* – *to go, to eat*.

Chcę <u>pojechać</u> do Polski. (*I want <u>to go</u> to Poland.*)

Muszę już <u>iść</u>. (*I have <u>to go</u> now.*)

Chciałbym <u>podróżować</u>. (*I'd like <u>to travel</u>.*)

Nie wolno <u>palić</u>! (*No <u>smoking</u> here!*)

Trzeba <u>pojechać</u> autobusem. (*You need <u>to go</u> by bus.*)

Czy umiesz <u>upiec</u> ciasto? (*Can you <u>bake</u> a cake?*)

Chcieć to <u>móc</u>. (*Where <u>there's</u> a will <u>there's</u> a way.*)

 Notice that in this last example, Chcieć to móc, both verbs are in the infinitive form in Polish.

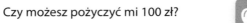 **A Circle the infinitives in the following sentences.**

1 Czy możesz pożyczyć mi 100 zł?
2 Chciałbym obejrzeć ten film.
3 Ewa nie chce oddać mi książki.
4 Czy możesz upiec ciasto na urodziny?
5 Ach jak pięknie jest w parku! Zaczęły kwitnąć drzewa.

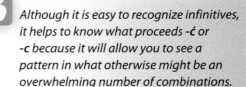 Although it is easy to recognize infinitives, it helps to know what proceeds -ć or -c because it will allow you to see a pattern in what otherwise might be an overwhelming number of combinations.

How to recognize an infinitive

1 Let's have a closer look at the typical endings for infinitives:

-ać	mieszkać (*to live*), stać (*to stand*)
-eć	woleć (*to prefer*), trzeć (*to rub*)
-ieć	mieć (*to have*), siedzieć (*to sit*)
-ić	robić (*to do*), prosić (*to ask*), mówić (*to speak*)
-yć	liczyć (*to count*), być (*to be*), żyć (*to live*)
-uć	czuć (*to feel*), psuć (*to spoil*), kłuć (*to prick*)
-ąć	ciąć (*to cut*), giąć (*to bend*)
-nąć	ciągnąć (*to pull*), kopnąć (*to kick*), pchnąć (*to push*), machnąć (*to wave*), walnąć (*to bludgeon*), krzyknąć (*to shout*), szturchnąć (*to nudge*), rosnąć (*to grow*), kwitnąć (*to flower*), wysunąć (*to move forward*), przesunąć (*to move away*)
-ść	kraść (*to steal*), nieść (*to carry*)
-źć	gryźć (*to bite*), znaleźć (*to find*)
-ować	budować (*to build*), kupować (*to buy*), malować (*to paint*)
-ywać	bywać (*to frequent*), obiecywać (*to promise*), wykonywać (*to carry out*)
-iwać	kiwać (*to nod*), posługiwać (się) (*to use*)
-awać	dawać (*to give*), poznawać (*to get to know*), zostawać (*to become*)
-c	strzec (*to guard*), biec (*to run*), tłuc (*to shatter*), móc (*can*), wlec (*to drag*), piec (*to bake*), rzec (*to say*)

B Sort the infinitives from the following list into the corresponding groups in the table.

oczekiwać (*to look forward to*) **gryźć** (*to bite*) **odpocząć** (*to rest*)	
słyszeć (*to hear*) **brać** (*to take*) **iść** (*to go*)	
umieć (*to know how to*) **poznawać** (*to get to know*) **znaleźć** (*to find*)	

-ać	
-eć	
-ieć	
-ić	
-yć	
-uć	
-ąć	
-nąć	
-ść	
-źć	
-ować	
-ywać	
-iwać	
-awać	
-c	

 C Use a dictionary to find one more verb to complete each category.

Meaning and usage

Verbs in pairs

1   In Polish, just like in English, a verb can be followed by another verb in a sentence – the second verb in the combination will always be in the infinitive form.

Verbs which must be followed by another verb include:

musieć (*must*)

chcieć (including conditional: **chciał(a)bym**) (*to want*)

lubić (*to like*)

potrafić (*to be able to*)

zamierzać (*to intend*)

umieć (*to know how to*)

Examples:

Lubię jeść czekoladę. (*I like eating chocolate. / I like to eat chocolate.*)

Chcę wrócić do domu. (*I want to return home.*)

Muszę zadzwonić do domu. (*I must call home.*)

Potrafię upiec ciasto. (*I know how to bake a cake.*)

Zamierzam zwiedzić Wenecję. (*I intend to visit Venice.*)

Umiem grać na fortepianie. (*I am able to play piano.*)

D Complete the sentences with the correct verb from the box. Use the infinitive form.

odpocząć	obejrzeć	jeździć	odwiedzić	grać	zreperować

1 Lubię_____ w tenisa.
2 Chcę_____ ten film.
3 Muszę_____ moją chorą ciocię.
4 Potrafię_____ samochód.
5 Zamierzam_____ na wakacjach nad morzem.
6 Umiem_____ na nartach.

E Look at the verbs. Are they all in the 1st person singular? Can you recognize the pattern of endings of the 1st person singular? Arrange the verbs into two groups (look at the last letter).

buduję	przedstawiam	mieszkam	żyję	maluję	liczy
jestem	mam	spędzam	podróżuję	robi	nazywam (się)

Vocabulary

Personal introductions

When introducing yourself to someone you do not know, you are likely to use the following verbs (given here in 1st person singular with an infinitive form in the brackets).

jestem (być)	*I am*
mam (mieć)	*I have*
mogę (móc)	*I can*
umiem (umieć)	*I know how to / I am able to*
chciał(a)bym (conditional of **chcieć**)	*I would like to*
znam (znać)	*I know*
pracuję (pracować)	*I work*
lubię (lubić)	*I like*

F   Look at Jenny's social network profile. Complete the sentences using an appropriate verb from the vocabulary list.

PROFIL

Lubię to · Komentarz · Podaj dalej

1   _____ Jenny. (*I'm Jenny.*)
2   _____ lekarką. (*I'm a doctor.*)
3   _____ w dużym szpitalu w Cambridge. (*I work at a big hospital in Cambridge.*)
4   _____ słuchać pacjentów. (*I'm able to listen to patients.*)
5   _____ rodzinę – męża i dwoje dzieci. (*I have a family – a husband and two children.*)
6   _____ moją pracę. (*I like my work.*)
7   _____ języki obce: francuski i polski. (*I know foreign languages: French and Polish.*)
8   _____ pracować w dwóch specjalnościach – chirurga i pediatry. (*I can work in two specialities – as a surgeon and a paediatrician.*)

📖 Reading

G   Tom Watson writes an email of introduction to Marek Jankowski, an investigative journalist in Poland. Read his email to Marek and answer the questions in Polish.

1   Jaki jest zawód Toma?_____
2   Kiedy Tom przyjeżdża do Polski?_____

Od:	Tom Watson
Do:	Marek Jankowski
Temat:	Wakacje w Polsce

Drogi Marku,

Najpierw muszę się przedstawić. Nazywam się Tom Watson. Mieszkam w Anglii. Z zawodu jestem technikiem kryminalistyki, ale z zamiłowania jestem historykiem, archeologiem i dziennikarzem. Interesuję się Polską, lubię czytać o Polsce i chciałbym przyjechać do Polski.

W czerwcu zamierzam spędzić urlop w Polsce. Chciałbym zatrzymać się w Krakowie, ale mam zamiar również trochę podróżować po Polsce. Muszę odwiedzić rodzinę mojej mamy w Warszawie.

Umiem trochę mówić po polsku, ale chciałbym nauczyć się więcej. Czy mogę spotkać się z Tobą w Krakowie?

Czekam na odpowiedź.

Łączę pozdrowienia

Tom

technik kryminalistyki	crime scene investigator
z zawodu	by profession
z zamiłowania	(by interest) my passion is for

Marek answers by e-mail.

Od:	Marek Jankowski
Do:	Tom Watson
Temat:	Odp: Wakacje w Polsce

Witaj Tom,

Jest mi bardzo miło, że chciałbyś spotkać się ze mną w Krakowie. Chciałbym Ci pokazać zabytki i interesujące miejsca. Kraków to wspaniałe miasto! Czy lubisz chodzić do teatru? A może masz ochotę chodzić po górach? Tatry są zaledwie 100 kilometrów od Krakowa. Możemy zamieszkać u mojej cioci w Zakopanem. W Krakowie jest zawsze co robić – można obejrzeć wystawy malarstwa, odpocząć w parkach, popłynąć statkiem do Tyńca, robić zakupy w Sukiennicach czy malować w plenerze (Kraków to miasto artystów).

Do zobaczenia w Krakowie.

Pozdrawiam

Marek

H Read the emails again and answer the questions in Polish.

1 Czym interesuje się Tom?_____
2 Gdzie Tom chciałby się zatrzymać w Polsce?_____
3 Jakie miasto musi Tom odwiedzić? Dlaczego?_____
4 Co Marek chciałby pokazać Tomowi w Krakowie?_____
5 Czy Marek sugeruje wyjazd do Warszawy czy do Zakopanego?_____
6 Kto mieszka w Zakopanem?_____
7 Co można robić w Krakowie?_____

| popłynąć statkiem | to sail a ship |
| malować w plenerze | to paint outdoors |

I A computer bug mixed up some words in Marek's email. Reconstruct the text and move the words to the appropriate place. The words you need to move are underlined. Don't look back to Activity H until you have finished.

Od:	Marek Jankowski
Do:	Tom Watson
Temat:	Odp: Wakacje w Polsce

Witaj Tom,

Jest mi bardzo miło, że chciałbyś się ze mną <u>zamieszkać</u> *w Krakowie. Chciałbym Ci* <u>wspaniałe</u> *zabytki i interesujące miejsca. Kraków to* <u>malować</u> *miasto! Czy lubisz* <u>ochotę</u> *do teatru? A może masz* <u>popłynąć</u> *chodzić po górach? Tatry są zaledwie 100 kilometrów od Krakowa. Możemy* <u>zrobić</u> *u mojej cioci w Zakopanem. W Krakowie jest zawsze co robić – można* <u>spotkać</u> *wystawy malarstwa, pokazać w parkach,* <u>chodzić</u> *statkiem do Tyńca,* <u>odpocząć</u> *zakupy w Sukiennicach czy* <u>oglądać</u> *w plenerze (Kraków to miasto artystów).*

Do zobaczenia w Krakowie.

Pozdrawiam

Marek

Vocabulary

J Match the verbs with the correct sentence endings. More than one verb can be used to complete the sentence.

1 Chcę _____
2 Muszę _____
3 Lubię _____
4 Mogę _____
5 Potrafię _____
6 Umiem _____
7 Chciał(a)bym _____

a pojechać do Warszawy.
b zwiedzić Paryż.
c wymienić pieniądze.
d odwiedzić rodzinę w Krakowie.
e gotować.
f przyjść do ciebie wieczorem.
g malować w plenerze.

Umieć *and* **potrafić** *are usually used as synonyms (words identical in meaning) although the subtle difference in meaning refers to the difference between theoretical knowledge (***umieć***) and practical knowledge (***potrafić***).*

Umiem słuchać ludzi. *(I <u>can listen</u> to people – i.e. I am a good listener.)*

Potrafię naprawić kran. *(I <u>can repair</u> a tap – i.e. I've got the necessary skills to repair a tap.)*

📝 Writing

K   You are going on holiday to Poland. Write a letter or email to your friends who you would like to visit in Poland (80–100 words). Write about your plans, what you would like or plan to do and where would you like to stay. Try to use the verbs in the box.

być	wybierać się	chciał(a)bym	spędzić
mieszkać	zobaczyć	odwiedzić	przyjechać
spędzić	zatrzymać się	lubić	interesować się

_____

_____

_____

_____

_____

Self-check

Tick the box that matches your level of confidence.

   1 = very confident;   2 = need more practice;   3 = need a lot of practice

Zaznacz opcję, która najbardziej odpowiada twojemu poziomowi wiedzy.

   1 = pewny siebie /   2 = potrzebuję więcej   3 = jeszcze potrzebuję
       pewna siebie;   praktyki;   dużo praktyki

	1	2	3
Can recognize infinitives.			
Can express what I *like / can / am able to / have / would like to* do. (Modals)			
Can write a short email to introduce oneself in writing. (CEFR A2).			
Can read and understand a personal email. (CEFR A2).			

2 Badam historię Templariuszy

I'm researching the history of the Knights Templar

In this unit you will learn how to:

- Recognize verbs belonging to Conjugation 1.
- Conjugate verbs from Conjugation 1.

CEFR: Can understand frequently used expressions relating to describing interests (CEFR A2); Can write about people (CEFR A2).

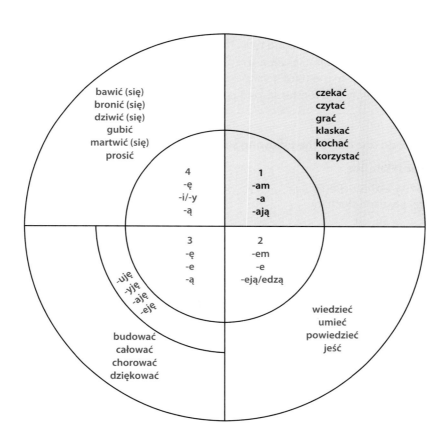

Meaning and usage

Verb conjugation 1

What is conjugation?

1   Conjugation is a change in form of a verb which may signal a certain voice, mood, tense, number or person. In other words conjugations will give information about certain characteristics of the verb being used.

2   Broadly speaking, in Polish there are four different patterns of conjugation. As always there will be some exceptions where verbs are irregular and do not follow any pattern. You will need to learn these on a case-by-case basis.

In order to establish which conjugation group the verb belongs to, you need to know the endings in the 1st and 3nd person singular (**ja** *I*, **on/ona/ono** *he/she/it*). Traditionally, also the 3rd person plural is given (**oni/one** *they*).

Predicting the endings of each person is relatively easy in the present tense if you follow the PTR (Present Tense Rule) principles. PTR is a mechanism of predicting the ending of verbs in the present tense. If you know the first and third person singular forms, you can predict the rest. Polish verbs come in two types. For the first type, the first person singular ends in **-m**. The third person plural will be the same, except **-ją** replaces **-m**. With the second type, the first person singular ends in **-ę**. The 3rd person plural will be the same except **-ą** replaces **-ę**. With both types, the remaining forms are predictable from the third person singular. For the second sing. add **-sz**, for the first plural add **-my** and for the second pl. add **-cie**.

A   Circle the odd one out in the following selection of verbs.

Think of conjugations as families – some are bigger, others are smaller, but all members of the family share common characteristics.

1   jestem, mam, idę
2   czekam, czytam, marzę
3   piszę, pływam, słucham

Conjugation 1 – the present tense

1   The characteristic endings for this conjugation are **-am, -a** and **-ają**.

Singular		Plural	
ja (*I*)	-am	my (*we*)	
ty (*you*)		wy (*you*)	
on/ona/ono (*he/she/it*)	-a	oni/one (*they*)	-ają

Koch<u>am</u> muzykę Chopina. (*I love music by Chopin.*)

Ewa oglą<u>da</u> film. (*Ewa is watching a film.*)

Polacy wit<u>ają</u> Papieża w Krakowie. (*Poles welcome the Pope in Krakow.*)

2   Most verbs belonging to this family have the ending **-ać**.

For example:

szukać (*to look for*), **czekać** (*to wait*), **czytać** (*to read*)

Verbs with the endings **-ować, -awać, -iwać** or **-ywać** don't share this ending.

Infinitive	Singular	Plural	Example
szukać (*to search / to look for*)	ja szukam ty szukasz on/ona/ono szuka	my szukamy wy szukacie oni/one szukają	Szukam pracy (*I'm looking for a job.*)
czytać (*to read*)	ja czytam ty czytasz on/ona/ono czyta	my czytamy wy czytacie oni/one czytają	On zawsze rano czyta gazetę. (*He always reads a newspaper in the morning.*)

B   Complete the conjugations for the following verbs.

> czekać   pływać   grać   kochać   korzystać

Infinitive	Singular	Plural	Example
czekać (*to wait*)	ja_____ ty_____ on/ona/ono_____	my_____ wy_____ oni/one_____	Czekamy na autobus już pół godziny.
pływać (*to swim*)	ja_____ ty_____ on/ona/ono_____	my_____ wy_____ oni/one_____	Czy często pływasz?
grać (*to play*)	ja_____ ty_____ on/ona/ono_____	my_____ wy_____ oni/one_____	Gramy w tenisa raz w tygodniu.
kochać (*to love*)	ja_____ ty_____ on/ona/ono_____	my_____ wy_____ oni/one_____	Kocham kwiaty.
korzystać (*to use*)	ja_____ ty_____ on/ona/ono_____	my_____ wy_____ oni/one_____	Nie korzystam z telefonu komórkowego.

C   Choose the correct verb form to complete the sentences.

1   On długo (czeka/czekam) na autobus.
2   Czy (pamiętam/pamiętasz) nasze wakacje w Hiszpanii?
3   Czy (znacie/zna) pan tego człowieka? Nie, nie (znać).
4   Najmocniej (przepraszam/przepraszać)!
5   O której (otwieram/otwierają) sklepy w poniedziałek?

D Conjugate the verb in brackets in the correct form.

1 Tomek (mieszkać)_____ w Krakowie.

2 Oni często (odwiedzać)_____ rodzinę w Warszawie.

3 Co robisz dzisiaj? (Zwiedzać)_____ Wawel.

4 Rzadko (latać)_____ samolotem; częściej jeżdżę pociągiem.

5 (Przepraszać)_____ za bałagan!

E Highlight all the verbs in the text which belong to Conjugation 1.

Tom kocha Polskę. Dużo czyta o długiej i skomplikowanej, a czasami tragicznej historii Polski. Poszukuje interesujących informacji o Polsce w prasie i w internecie. Kupuje książki po polsku i po angielsku. Stara się oglądać filmy fabularne i dokumentalne w telewizji. Zna wielu Polaków mieszkających w Anglii.

Vocabulary

Many words are used to describe everyday activities, daily routines and interests. They all belong to Conjugation 1.

F Match the Polish words with the correct English meaning.

1	mieszkać	a	*to watch*
2	narzekać	b	*to tell*
3	odwiedzać	c	*to remember*
4	oglądać	d	*to live*
5	opowiadać	e	*to complain*
6	pamiętać	f	*to visit*
7	przepraszać	g	*to go sightseeing*
8	siadać	h	*to listen to*
9	słuchać	i	*to sit*
10	zwiedzać	j	*to apologize*

G Complete the sentences with the correct option.

1 Tom często lata do _____. (Polską/Polski)

2 Gdzie mieszka _____? (Ani/Ania)

3 Ciągle narzekasz na _____! (pogodę/pogody)

 Reading

H Tom, an English amateur journalist, is visiting Poland to write an article about lost art treasures. Read the beginning of his email describing his routine in Poland and answer this question in Polish.

Tom narzeka na pogodę, pokój w hotelu i jedzenie. Prawda czy fałsz?

Od:	Tom Watson
Do:	David Gray
Temat:	Pozdrowienia z Krakowa

Pozdrowienia z Krakowa. Jestem tu od piątku. Jest bardzo gorąco, ale pokój w hotelu jest wygodny, a jedzenie pyszne więc nie narzekam.

I Now read the rest of the email and answer in Polish the questions which follow.

Od:	Tom Watson
Do:	David Gray
Temat:	Pozdrowienia z Krakowa

Badam historię skarbu Templariuszy. Spędzam dużo czasu w bibliotece – czytam dokumenty historyczne. Czekam na spotkanie z Markiem Jankowskim. Marek jest prawdziwym poszukiwaczem skarbów i autorem książki o Templariuszach w Polsce. Może spotkamy się dzisiaj, chociaż Marek jest bardzo tajemniczy. Mam nadzieję, że porozmawiam z nim o kilku interesujących faktach. Od jutra zaczynam własne poszukiwania. Żałuję tylko, że nie mogę podzielić się moją wiedzą z nikim. Wszystkie informacje są ściśle poufne. Napiszę więcej jak tylko będę mógł.

Pozdrowienia

Tom

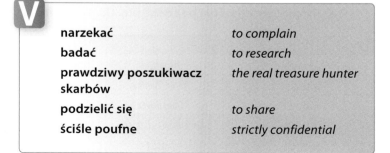

narzekać	*to complain*
badać	*to research*
prawdziwy poszukiwacz skarbów	*the real treasure hunter*
podzielić się	*to share*
ściśle poufne	*strictly confidential*

1 Co Tom bada w Polsce?_____
2 Jak długo Tom jest w Krakowie?_____
3 Kogo Tom spotka w Polsce?_____
4 Kim jest Marek?_____
5 Dlaczego Tom nie może podzielić się wiedzą?_____
6 Kiedy Tom znowu napisze?_____

 J **Read the text. Circle any verbs that do not belong to Conjugation 1 and underline the verbs which belong to Conjugation 1.**

K **Complete the sentences in Polish with the correct form of the words in brackets.**

1 Chciałbym_____ (spotkać) się z Markiem w Polsce.
2 Czy Tadek_____ (być) dziennikarzem czy archeologiem?
3 Tadek jest archeologiem;_____ (badać) ruiny zamków i pałaców.
4 Marek i Adam_____ (czekać) na Toma w parku.

Vocabulary

Talking about professions, occupations and personality traits

Marek is a journalist. (**dziennikarz**) – **Marek jest dziennikarzem.**

Tom is a historian. (**historyk**) – **Tom jest historykiem.**

However, what if Tom is a celebrity, a hypocrite, a communist, a mountain climber, an artist, a pianist , a train conductor or a dentist?

Although all of these nouns are masculine they will end in **-a** in nominative (basic form of a noun) and 'behave' like feminine nouns. A good example is to look at the instrumental form used with the verb *to be* – **być** (**jestem**, **jest**, etc.).

L **Look at the examples and complete the table.**

celebryta (*male celebrity*)

To jest celebryta. Tom jest celebrytą. (*Tom is a celebrity.*)

To jest alpinista. Tom jest alpinistą. (*Tom is a mountain climber.*)

To jest dentysta. Tom jest dentystą. (*Tom is a dentist.*)

Noun (nominative)	English	Noun (instrumental)	Example
hipokryta	*hypocrite*	Tom jest _____.	*Tom is a hypocrite.*
dentysta	*(male) dentist*	Tom jest _____.	*Tom is a dentist.*
maszynista	*train driver*	Tom jest _____.	*Tom is a train driver.*
alpinista	*mountain climber*	Tom jest _____.	*Tom is a mountain climber.*
pianista	*pianist*	Tom jest _____.	*Tom is a pianist.*

M Choose the appropriate words or phrases to complete the sentences.

1 Niestety, informacje są (ściśle poufne / ściśle tajemniczy) _____ .
2 Marek jest (autor/autorem) _____ książki o Templariuszach.
3 Ja (porozmawiać/porozmawiam) _____ z nim o interesujących faktach.
4 (Żałuję/Żałujesz), _____ że nie jestem poszukiwaczem skarbów.
5 Jutro (zaczynają/zaczynam) _____ moje własne poszukiwania.

> *You can do research on various Polish social network sites / interest group websites to see what types of words, sentences or phrases are commonly used. See how much you can understand.*

Writing

N Write your social network profile in Polish (80–100 words). Try to use the verbs in the box.

mieszkać	czytać	korzystać	oglądać	szukać	znać

_____

_____

_____

_____

_____

Self-check

Tick the box that matches your level of confidence.

1 = very confident;   2 = need more practice;   3 = need a lot of practice

Zaznacz opcję, która najbardziej odpowiada twojemu poziomowi.

1 = pewny / pewna siebie;   2 = potrzebuję więcej praktyki;   3 = potrzebuję dużo praktyki

	1	2	3
Can recognize verbs belonging to Conjugation 1.			
Can conjugate verbs from Conjugation 1.			
Can understand frequently used expressions relating to describing interests. (CEFR A2).			
Can write about people. (CEFR A2).			

3 Umiem mówić po polsku

I can speak Polish

In this unit you will learn how to:

✔ Recognize verbs belonging to Conjugation 2.

✔ Conjugate verbs from Conjugation 2.

✔ Understand verb-noun relationships in Polish.

CEFR: Can understand information in job adverts (CEFR A2); Can respond to a job advert (CEFR A2).

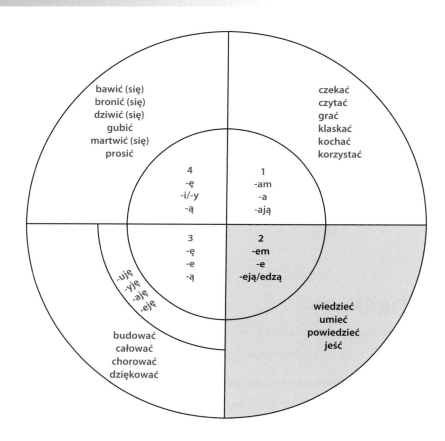

bawić (się)
bronić (się)
dziwić (się)
gubić
martwić (się)
prosić

czekać
czytać
grać
klaskać
kochać
korzystać

4
-ę
-i/-y
-ą

1
-am
-a
-ają

3
-ę
-e
-ą

2
-em
-e
-eją/edzą

-uję
-yję
-aję
-eję

budować
całować
chorować
dziękować

wiedzieć
umieć
powiedzieć
jeść

Meaning and usage

Verb conjugation 2

1 If you think of conjugations as families – conjugation 2 is a rather small family. According to the Present Tense Rule (PTR), the verbs are divided into two broad groups – those, which end in **-m** in the 1st person singular and the ones which end in **-ę** in the 1st person singular. Verbs in Conjugation 1 and Conjugation 2 belong to the **-m** ending group.

2 The characteristic endings for Conjugation 2 are: **-em, -e, -edzą/-eją**.

Singular		Plural	
ja	-em	my	
ty		wy	
on/ona/ono	-e	oni/one	-edzą/-eją

A Find the Conjugation 2 verbs in each group.

1 szukam, wiem, idę

2 umiem, proszę, słucham

3 piszę, żałuję, rozumiem

B Complete the table with the missing verb forms. Use the Conjugation 2 verb endings from the previous table.

Infinitive	Singular	Plural	English	Example
wiedzieć	ja wi**em** ty wiesz on/ona/ono wi**e**	my wiemy wy wiecie oni/one wi**edzą**	*to know*	Wiem o tym.
jeść	ja j**em** ty_____ on/ona/ono _____	my jemy wy_____ oni/one **jedzą**	*to eat*	Zawsze jem śniadanie o 7:00.
umieć	ja umi**em** ty_____ on/ona/ono _____	my umiemy wy_____ oni/one umi**eją**	*can / to be able to*	Umiem mówić po polsku.
rozumieć	ja_____ ty_____ on/ona/ono _____	my_____ wy_____ oni/one rozumi**eją**	*to understand*	Rozumiesz?

C Complete the sentences with the correct form.

1 Czy (wie/wiesz), o której zaczyna się film?

2 Tom nie (rozumiesz/rozumie) po polsku.

3 Oni nie (wiemy/wiedzą) jak dojechać do Krakowa.

4 Ty mnie wcale nie (rozumiesz/rozumie)!

5 Ania (wiem/wie) jak ugotować rosół.

D Conjugate the verb in the brackets in the correct form.

1 Czy ty_____ (rozumieć) co do ciebie mówię?

2 Ewa nie_____ (umieć) gotować.

3 Ja nie_____ (wiedzieć) jak długo Tom (czekać).

4 O której, Tomek_____ (jeść) kolację?

E **Write the infinitive form of the verbs.**

1 szukam _____

2 wiedzą _____

3 czytamy _____

4 rozumiesz _____

5 kocham _____

6 czekacie _____

7 pamiętają _____

8 jecie _____

Vocabulary

Knowledge and skills

umieć	*to be able to do*	**mieć wiedzę/talent/ znajomość**	*to have knowledge/ talent/expertise*
potrafić	*to know how to do*	**umiejętność**	*skill*
wiedzieć	*to know/to know how*	**umiejętności interpersonalne/ społeczne/komunikacyjne**	*interpersonal/social/ communication skills*
znać	*to know*		
znać się na	*to know a lot about/ to be an expert on something*	**kwalifikacje**	*qualifications*
		biegłość	*fluency*
wiedza	*knowledge*	**wprawa**	*skill/practice*
talent	*talent/gift*	**kunszt**	*artistry/art/craft*
znajomość	*knowledge/expertise/ awareness*	**doświadczenie**	*experience*

The difference between **umieć** and **potrafić** is very subtle and in everyday Polish both verbs are interchangeable.

Czy umiesz grać na fortepianie? (*Can you play the piano?*)

Nie, nie umiem. (*No, I can't.*)

Czy potrafisz naprawić kran? (*Are you able to mend a tap?*)

Tak, potrafię. (*Yes, I am.*)

Moja lodówka jest zepsuta. (*My fridge is broken.*)

Zadzwoń do Tomka. On zna się na lodówkach.
(*Call Tomek. He knows a lot about fridges.*)

F *Prawda czy fałsz?* **Read the job advert. Then decide if the statements are true or false.**

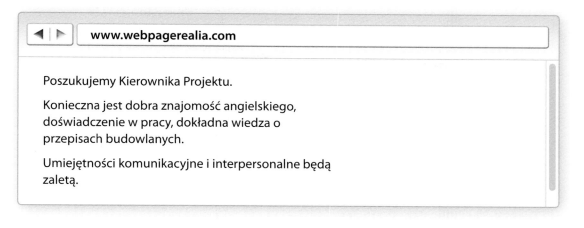

www.webpagerealia.com

Poszukujemy Kierownika Projektu.

Konieczna jest dobra znajomość angielskiego, doświadczenie w pracy, dokładna wiedza o przepisach budowlanych.

Umiejętności komunikacyjne i interpersonalne będą zaletą.

1 Good knowledge of English is essential. _____
2 It is a managerial position. _____
3 Good knowledge of building law is required. _____
4 Communication skills are an
  advantage. _____

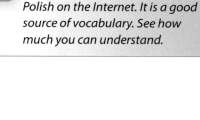

Try to find some examples of CVs in Polish on the Internet. It is a good source of vocabulary. See how much you can understand.

2 The word **umiejętności** (*skills*) has become very popular in CVs and job adverts. It seems that everybody needs to have a range of good skills:

umiejętności komunikacyjne
(*communication skills*)

umiejętności społeczne (*social skills*)

umiejętności interpersonalne (*interpersonal skills*)

Umiejętności are usually divided into:

twarde (*hard*)

miękkie (*soft*)

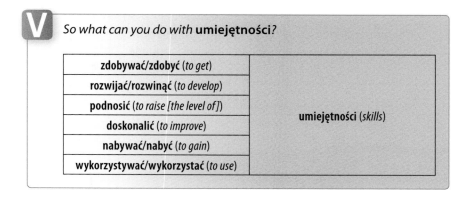

*So what can you do with **umiejętności?***

zdobywać/zdobyć (*to get*)	
rozwijać/rozwinąć (*to develop*)	
podnosić (*to raise [the level of]*)	**umiejętności** (*skills*)
doskonalić (*to improve*)	
nabywać/nabyć (*to gain*)	
wykorzystywać/wykorzystać (*to use*)	

Tom nabywa umiejętności językowe w Polsce. (*Tom is gaining language skills in Poland.*)

Agata chce rozwijać umiejętności interpersonalne. (*Agata wants to develop her interpersonal skills.*)

You can research **Akademia Umiejętności** *to find out about a famous Polish science and learning institution.*

G   Complete the sentences with an appropriate Polish translation of the English verb given in brackets.

1   Magda ma dobrą_____ (*knowledge*) języków obcych.
2   Andrzej chciałby podnosić_____ (*qualifications*).
3   Tomek_____ (*knows a lot about*) na komputerach.
4   Czy_____ (*know how to*) grać w szachy?
5   Niestety, nie mam_____ (*experience*) w gotowaniu.

H   Translate the titles of these articles.

1   10 umiejętności pracownika doskonałego. _____
2   Jakie umiejętności wymienić w CV?_____
3   Jak doskonalić umiejętności interpersonalne?_____
4   Testuj swoją wiedzę o Polsce. _____

Rekcja (*verb-noun relationship*)

Even though verbs can be powerful enough to create a sentence on their own, most of the time they need a noun to complete the sentence. In the verb-noun partnership, it's the verb that is more dominant of the two. In grammatical terms, the verb 'governs' the noun, and specifies in which case the noun should be.

For example:

Mam samochód. (*I have a car.*)

The verb **mam** (*I have*) specifies (governs) that the noun **samochód** (*a car*) is in the accusative case.

Jestem architektem. (*I'm an architect.*)

Jestem (*I am*) specifies that the noun **architekt** (*architect*) is in the instrumental case – **architektem**.

The proper grammatical terms in Polish for this principle is **rekcja** – English does not have an equivalent process, as it is not an inflected language.

I Read the article. Then decide if the headlines are true or false.

CZY ZNASZ TĘ POSTAĆ?

Jest muzykiem, ale z wykształcenia jest architektem. Gra na skrzypcach, ale także potrafi grać na innych instrumentach. Pochodzi z Zakopanego. Kocha polską tradycję. Ciągle szuka inspiracji w muzyce góralskiej. Interesuje się jazzem i sztuką. Lubi muzykę poważną. Chciałby mieć żonę, dzieci i dom rodzinny. Potrzebuje ciszy i spokoju aby odpocząć. Ma wielu przyjaciół i mnóstwo fanów. Jest laureatem wielu nagród. Jest liderem zespołu Zakopower.

Odpowiedź: Sebastian Karpiel-Bułecka

You can search for music by Zakopower on the Internet (try songs: **Boso, W dzikie wino zaplątani** *or* **Salomanga**)*. See if you like it. There are also plenty of websites where you can find lyrics for songs by Zakopower – it's an excellent listening comprehension exercise.*

1 Sebastian umie grać na skrzypcach. _____
2 Sebastian potrafi grać na innych instrumentach. _____
3 On umie projektować domy. _____
4 Nie zna wielu muzyków. _____

J Read the text again and circle the verb + verb combinations. Then underline the verb + noun combinations.

📖 Reading

K Read the first part of this conversation between Marek and Tom. Then answer this question in Polish:

Jaki posiłek oferuje Marek?_____

Tom spotyka się z Markiem na Rynku przy Sukiennicach.

Marek: Dzień dobry Tom. Jestem Marek.

Tom: Witaj! Bardzo mi miło.

Marek: Długo czekasz na mnie?

Tom: Nie, niedługo.

Marek: Czy chciałbyś zjeść tradycyjny polski obiad?

Tom: Bardzo chętnie.

Marek: Chodźmy do restauracji.

L   **Now read the rest of the conversation and answer the questions which follow.**

Tom i Marek idą do restauracji na Rynku.

Marek: Wiem, że interesujesz się historią i archeologią.

Tom: Tak, z zawodu jestem technikiem kryminalistyki, ale bardzo interesuję się historią Templariuszy.

Marek: Szukasz skarbu Templariuszy?

Tom: Może. A ty?

Marek nie odpowiada. Po chwili wznawia rozmowę.

Marek: Mam nadzieję, że rozumiesz dlaczego jestem dyskretny. Musimy zachować absolutną tajemnicę. Nie tylko my szukamy skarbu.

Tom: Skąd to wiesz?

Marek nie odpowiedział.

1   Czym interesuje się Tom?_____
2   Czego szukają Tom i
    Marek?_____
3   Jaki jest Marek: gadatliwy czy
    dyskretny?_____
4   Czy tylko oni szukają skarbu?_____

mam nadzieję	*I hope*
absolutna tajemnica	*total secret*
Skąd ty to wiesz?	*How do you know it?*

M   **For some extra practice look at the text again and find verbs which belong to Conjugations 1 and 2.**

Vocabulary

N   **Complete the sentences with the correct form of the verb in brackets – use a dictionary if necessary.**

1   (mieszkać) Tom _____ w hotelu.
2   (narzekać) Marek _____ na jedzenie w restauracji.
3   (odwiedzać) Tom _____ swoją rodzinę w Warszawie.
4   (opowiadać) Tom _____ Markowi o swojej pracy.
5   (rozmawiać) Tom i Marek _____ o historii Templariuszy.

O   Answer the questions using verbs in the correct form.

1   - Co grają w kinie?
    - *Nie (wiedzieć).*_____
2   - Szukasz skarbu?
    - *Nie, nie (szukać)*_____
3   - Rozumiesz co ona mówi?
    - *Tak, (rozumieć).*_____

Writing

P   Write a short reply (80–100 words) to a job advert you are interested in. Include your knowledge of languages, knowledge of regulations and legal framework, experience and good communication skills. You may find the words in the box helpful.

| umiem | potrafię | jestem | mam doświadczenie / nie mam |
| doświadczenia | mam wiedzę o | znam | |

_____

_____

_____

_____

_____

_____

_____

Self-check

Tick the box that matches your level of confidence.

1 = very confident;   2 = need more practice;   3 = need a lot of practice

Zaznacz opcję, która najbardziej odpowiada twojemu poziomowi.

1 = pewny siebie /   2 = potrzebuję więcej   3 = potrzebuję dużo
    pewna siebie;   praktyki;   praktyki

	1	2	3
Can recognize and conjugate verbs belonging to Conjugation 2.			
Can understand verb-noun relationships in Polish.			
Can understand information in job adverts. (CEFR A2).			
Can respond to a job advert. (CEFR A2).			

4 Wypowiedz życzenie

Make a wish

In this unit you will learn how to:

✓ Recognize and conjugate verbs belonging to Conjugation 3.

✓ Express what you wish for / dream about (*I would like*).

CEFR: Can understand information in a property advert (CEFR B1); Can write an advert looking for rented accommodation (CEFR B1).

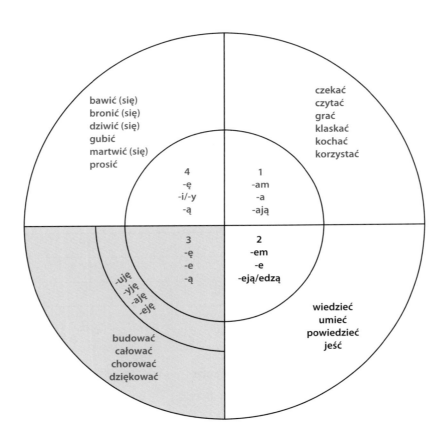

Meaning and usage

Verb conjugation 3

1 Conjugation 3 includes quite a large group of verbs. Their main characteristic is the ending **-ę** for the 1st person singular, the ending **-e** for the 3rd person singular and the ending **-ą** for the the 3rd person plural.

Most infinitives belonging to this group end in the following:

-ować, for example: **budować** (*to build*), **całować** (*to kiss*)

-ywać, for example: **obiecywać** (*to promise*), **otrzymywać** (*to receive*)

-awać, for example: **oddawać** (*to return*), **dawać** (*to give*)

But there are also infinitives ending in:

-ać, for example: **prać** (*to wash clothes*), **karać** (*to punish*)

-yć, for example: **myć** (*to wash*), **szyć** (*to sew*), **żyć** (*to live*)

-uć, for example: **czuć** (*to feel*), **kłuć** (*to prick*), **żuć** (*to chew*)

-ść, for example: **kraść** (*to steal*), **znaleźć** (*to find*)

-ieć, for example: **drożeć** (*to get more expensive*), **tanieć** (*to get cheaper*)

-nąć, for example: **ciągnąć** (*to pull*), **kopnąć** (*to kick*)

Examples:

Nowy rząd <u>buduje</u> tanie domy dla młodych rodzin. (*The new government is building cheap houses for young families.*)

Polacy wciąż <u>całują</u> kobiety w dłoń przy powitaniu. (*Polish men still kiss ladies' hands when greeting.*)

How to form conjugation 3

1   The characteristic endings for this group in 1st or 3rd person singular and 3rd person plural are **-ę**, **-e**, **-ą**.

Examples: **budować:**

Ja buduję dom dla mojej rodziny. (*I am building a house for my family.*)

Tomek buduje dom dla swojej rodziny. (*Tomek is building a house for his family.*)

Tomek i jego brat budują dom dla Tomka rodziny. (*Tomek and his brother are building a house for Tomek's family.*)

Singular		Plural	
ja	-ę	my	
ty		wy	
ona/ona/ono	-e	oni/one	-ą

2   Looking a bit closer at the endings we can distinguish the following patterns:
Źle się czuję. (*I'm not feeling well.*)

Ewa szyje ubrania dla syna. (*Ewa is sewing clothes for her son.*)

Młodzi ludzie często żują gumę na ulicy. (*Youngsters often chew gum in the street.*)

Pan Kowalski często myje swój samochód. (*Mr Kowalski often washes his car.*)

	Singular	Plural
	-ę (-uję, -yję, -aję, -eję)	
	-e (-uje, -yje, -aje, -eje)	-ą (ują, -yją, -ają, -eją)

ja	czuję	kłuję	żuję	myję	szyję	żyję	śmieję (się)
ty	czujesz	kłujesz	żujesz	myjesz	szyjesz	żyjesz	śmiejesz (się)
on/ona/ono	czuje	kłuje	żuje	myje	szyje	żyje	śmieje (się)
my	czujemy	kłujemy	żujemy	myjemy	szyjemy	żyjemy	śmiejemy (się)
wy	czujecie	kłujecie	żujecie	myjecie	szyjecie	żyjecie	śmiejecie (się)
oni/one	czują	kłują	żują	myją	szyją	żyją	śmieją (się)

A **Complete the sentences with the appropriate form of the verb in brackets. Personal pronouns are provided in square brackets for clarity.**

Example:

[My] (oczekiwać) _oczekujemy_ zmian w polityce zagranicznej.

1 Czy [ty] (kupować) _____ owoce na targu?
2 Złodziej (przyznawać się) _____ do winy.
3 Ile (kosztować) _____ ta bransoletka?
4 Często [ja] (sprzedawać) _____ książki na aukcji internetowej.
5 Tom (wynajmować) _____ mieszkanie w Krakowie.
6 Na dworcu czasami złodzieje (kraść) _____ walizki.
7 W Warszawie (budować się) _____ wiele nowych domów.
8 W Polsce mężczyźni często (całować) _____ kobiety w dłoń.
9 [My] często (chorować) _____ w zimie.
10 Andrzej dużo (pracować) _____, nawet w sobotę.
11 Chyba [ty] (żartować) _____!

B **Complete the table with the missing verb forms.**

Verb	Singular	Plural	English	Example
oczekiwać	oczekuję oczekujesz oczekuje	oczekujemy oczekujecie oczekują	*to wait for / look forward to*	Oczekujemy zmian w polityce zagranicznej.
kupować	kupuję kupujesz kupuje	kupujemy kupujecie _____	*to buy*	Czy kupujesz owoce na targu?
przyznawać (się)	przyznaję przyznajesz _____	przyznajemy _____	*to admit / to agree*	Złodziej przyznaje się do winy. / Przyznaję, że masz rację.

Verb	Singular	Plural	English	Example
kosztować	_____ _____ _____	_____ _____ _____	*to cost*	Ile kosztuje ta bransoletka?
sprzedawać	_____ _____ _____	_____ _____ _____	*to sell*	Często sprzedaję książki na aukcji internetowej.
wynajmować	_____ _____	_____ _____	*to rent / to let*	Tom wynajmuje mieszkanie w Krakowie.
kraść	kradnę kradniesz kradnie	kradniemy kradniecie _____	*to steal*	Na dworcu czasami złodzieje kradną bagaż.
budować	_____ budujesz _____	budujemy _____ _____	*to build*	W Warszawie buduje się dużo nowych domów.
całować	całuję _____	całujemy _____	*to kiss*	Mama całuje dziecko na dobranoc.
chorować	choruję _____	chorujemy _____	*to be ill*	Tomek często choruje w zimie.
pracować	_____ _____	_____ _____	*to work*	Andrzej dużo pracuje, nawet w sobotę.
żartować	_____ _____	_____ _____	*to joke*	Chyba żartujesz!

It is a good idea to try to organize verbs (and all vocabulary for that matter) as you go along and in a way that is helpful to you. For example, using different colours (of paper or ink) for different conjugations can help you associate them with a certain category that you might pair with a certain colour. If you cannot use different colours, try using different shapes of sticky notes or cards for each conjugation.

C Sort the verbs into the appropriate boxes. Check the meaning in a dictionary if necessary.

klaskać	poznawać	próbować	obiecywać	czekać
opowiadać	pływać	pamiętać	gotować	jeść
poszukiwać	ratować	dawać	sprzedawać	

Conjugation 1 verbs	Conjugation 2 verbs	Conjugation 3 verbs

Vocabulary

Make a wish

1 **Chciał(a)bym** (*I would like*) is always followed by another verb in the infinitive form.

wynająć (*to rent*)   **kupić** (*to buy*)

__Chciałbym wynająć__ mieszkanie w centrum Krakowa. (*I'd like to rent a flat in the centre of Krakow.*)

__Chciałabym kupić__ kawalerkę w starej kamienicy. (*I'd like to buy a bedsit in an old townhouse.*)

2 **Wynająć** and **kupić** are followed by nouns in the accusative case:

dom (*house*)   **kamienicę** (*townhouse*)   **mieszkanie** (*flat*)

apartament(*apartment*)   **willę** (*villa*)   **dworek** (*small country house*)

Chciałbym __wynająć mieszkanie__ w centrum Krakowa. (*I'd like to rent a flat in the centre of Krakow.*)

Chciałabym __kupić kawalerkę__ w starej kamienicy. (*I'd like to buy a bedsit in an old townhouse.*)

Marek chciałby __kupić kamienicę__ na Kazimierzu. (*Marek would like to buy a town house in Kazimierz.*)

Tom chciałby __wynająć willę__ na peryferiach Krakowa. (*Tom would like to rent a villa in the suburbs of Krakow.*)

Chciałbym __wynająć apartament__ w nowym bloku. (*I'd like to rent an apartment in a new block of flats.*)

Chciałabym __kupić dworek__ na wsi. (*I'd like to buy a (country) house in the country.*)

3 **Marzę o …** (*I dream about …*) is followed by a noun in the locative case.

domu	kamienicy	mieszkaniu

apartamencie	willi	dworku	Infinitive – **marzyć**

Marzę o dworku na wsi. (*I dream of a (country) house in the country.*)

Czy marzysz o domu w Warszawie? (*Do you dream of a house in Warsaw?*)

Agata **marzy o mieszkaniu** w starej kamienicy. (*Agata dreams of an apartment in an old town house.*)

Marzymy o willi na peryferiach Krakowa. (*We dream of a villa in the suburbs of Krakow.*)

Magda i Marek **marzą o kamienicy** w Krakowie, niedaleko Rynku. (*Magda and Marek dream of a town house in Krakow not far from the Market Square.*)

Describe a property

Mieszkanie jest … (*a flat is …*)	eleganckie (*elegant*)	w kamienicy (*in a town house*)
	małe (*small*)	od frontu (*in the front*)
	ciasne (*cramped*)	w oficynie (*at the back*)
	duże (*big*)	w suterenie (*in the basement*)
	obszerne (*spacious*)	w bloku (*in a block of flats*)
	przytulne (*cozy*)	w apartamentowcu (*in a block of luxury apartments*)
	komfortowe (*luxurious*)	

1 **Helenka ma obszerne, eleganckie mieszkanie w kamienicy. Mieszkanie jest w oficynie.**
(*Helenka has a spacious, elegant flat in a town house. The flat is at the back [of the townhouse].*)
Mama Helenki ma ciasne mieszkanie w bloku na dużym osiedlu. (*Helenka's mum has a cramped flat on a large housing estate.*)

D **Label the descriptions with the types of dwelling listed in the box.**

dom jednorodzinny / dom dwurodzinny	posiadłość
willa dworek kamienica	apartamentowiec

1 _____ A large luxury house with a garden usually in a suburb or in spa towns. The name is a reference to Southern European villas.

2 _____ A house in a town built in a row of other houses – usually for a number of families.

3 _____ A traditional Polish country house – usually one storey with a garden.

4 _____ A detached or semi-detached house.

5 _____ A large country house surrounded by farmland, with outbuildings, stables and gardens.

6 _____ A large, modern block of luxury flats.

E   Identify which amenities listed in the box are suitable for a flat, for a house or for both. Put
    the words in the table.

| z balkonem   z ogrodem   z garażem   z miejscem parkingowym |
| z centralnym ogrzewaniem   z łazienką |

dom	mieszkanie	dom/mieszkanie

📖 Reading

F   Read the text and answer the questions in Polish.

1   Czy kawalerka jest na sprzedaż?_____

2   W jakiej części Krakowa jest luksusowy apartament na sprzedaż?_____

Robert zatrzymuje się w hotelu w Krakowie, ale chciałby wynająć mieszkanie na miesiąc.
Przegląda ogłoszenia w gazecie.

OGŁOSZENIA: NIERUCHOMOŚCI

Sprzedam

-Luksusowe mieszkanie

-w starej kamienicy

-w centrum Krakowa,

-niedaleko Rynku.

-Trzy pokoje, kuchnia, łazienka,

-miejsce parkingowe

Dom jednorodzinny na peryferiach
Krakowa. Pięć pokoi, duża kuchnia,
dwie łazienki, ogród, garaż

Kupię

Mieszkanie – trzy pokoje z kuchnią,
na pierwszym piętrze, z balkonem.
Dogodny dojazd do centrum Krakowa.

Przytulna kawalerka w starej kamienicy
z widokiem na Wawel.

G Read the first part of the conversation and answer the questions.

1 Kogo odwiedza Robert?_____
2 Co Robert chciałby wynająć – dom czy mieszkanie?_____

Robert odwiedza agencję nieruchomości.

Agent nieruchomości: Dzień dobry. Słucham pana.

Robert: Dzień dobry. Chciałbym wynająć mieszkanie w Krakowie na miesiąc.

Agent nieruchomości: W centrum czy na peryferiach?

Robert: Wolałbym w centrum i z widokiem na Wawel, albo na Wisłę albo na Planty.

H Read the conversation and answer the questions in Polish.

Agent przegląda katalog w komputerze. Po chwili mówi:

Agent nieruchomości: Mamy takie mieszkanie: w centrum Krakowa, blisko Rynku, w starej kamienicy z widokiem na Wisłę.

Robert: Ile kosztuje czynsz?

Agent nieruchomości: Dwa tysiące złotych miesięcznie.

Robert: Chyba pan żartuje! To obejdę się bez widoku.

Agent nieruchomości: Niestety atrakcyjne mieszkania w centrum Krakowa drożeją, a nie tanieją.

Robert: Przyznaję, że nie orientuję się w cenach nieruchomości. A czy ma pan coś tańszego?

Agent nieruchomości: Mamy kawalerkę na peryferiach Krakowa. Proszę, tu jest zdjęcie. Czy chciałby pan obejrzeć to mieszkanie?

Robert: Tak. A jakie inne nieruchomości są w katalogu?

V	
wynająć	*to rent*
czynsz	*rent*
to obejdę się bez widoku	*I can do without a view*
peryferie	*suburbs*

Agent nieruchomości: Bardzo różne: mieszkania w bloku na osiedlach lub w nowoczesnych apartamentowcach, stylowe apartamenty w zabytkowych kamienicach i luksusowe apartamenty hotelowe. Mamy też domy jednorodzinne i piękne wille.

1 Na jak długo Robert chciałby wynająć mieszkanie?

_____

2 Czy mieszkanie oferowane przez agenta jest w centrum czy na peryferiach?

_____

3 Czy mieszkanie jest w bloku czy w kamienicy?

_____

4 Ile kosztuje czynsz?

_____

5 Z czego Robert może zrezygnować?

_____

6 Czy Robert orientuje się w cenach nieruchomości?

_____

7 Jaki typ mieszkania jest tańszy?

_____

I **Read the instructions and select the correct answer.**

1 If you want to rent a flat and want to know how much the rent is, you should ask about:
   a czynsz   **b** oficyna   **c** kamienica

2 If you want to buy a house with a garage, you would look for:
   a balkon   **b** garaż   **c** ogród

3 If you would like to rent in a suburb, you are looking for:
   a centrum   **b** suterena   **c** peryferie

4 If you would like to rent a flat with central heating, you would look for:
   a łazienka   **b** centralne ogrzewanie   **c** kominek

J **Complete the text with appropriate words from the box.**

kamienicach	domów	dojazd	nieruchomości	mieszkania

W Krakowie buduje się dużo nowych bloków i (**1**) _____ jednorodzinnych. Jednocześnie remontuje się obszerne (**2**) _____ w zabytkowych (**3**) _____ w starej części Krakowa. Dzielnice takie jak Kazimierz są atrakcyjnym miejscem do kupienia (**4**) _____. W pobliżu jest wiele restauracji, klubów i sklepów. Zaletą jest też dogodny (**5**) _____ do centrum.

K Complete the sentences with words from the box.

peryferiach	kamienicy	kawalerki	eleganckiej willi

1 Marzę o _____.
2 Chciałabym mieszkać w zabytkowej
  _____.
3 Robert szuka małej _____
  w centrum Krakowa.
4 Ewa woli mieszkać na
  _____ niż w centrum
  miasta.

> *Try to do a search on the Internet for websites of Polish real estate agents and see if you can understand what they have on offer. Imagine yourself buying, selling or renting a property in Poland. Alternatively look for photographs of houses or flats in magazines and try to describe them in Polish.*

Writing

L Write a short advert to the local newspaper (80–100 words). You want to rent a property in Krakow. Include the following information:

type of property (**mieszkanie, apartament, dom**), location (**w centrum, na peryferiach**), how long for (**na miesiąc, na pół roku, na rok**), any other requirements (**atrakcyjny widok, zabytkowa czy nowoczesna nieruchomość**)

_____

_____

_____

_____

_____

Self-check

Tick the box that matches your level of confidence.

1 = very confident;   2 = need more practice;   3 = need a lot of practice

Zaznacz opcję, która najbardziej odpowiada twojemu poziomowi.

1 = pewny siebie / pewna siebie;   2 = potrzebuję więcej praktyki;   3 = potrzebuję dużo praktyki

	1	2	3
Can recognize verbs belonging to Conjugation 3.			
Can express what one wishes for / dreams about.			
Can understand information in a property advert. (CEFR B1).			
Can write an advert looking for rented accommodation. (CEFR B1).			

5 Dziwię się, martwię się, wątpię

I'm surprised, worried, doubtful

In this unit you will learn how to:

- ✓ Express favourable or unfavourable opinions.
- ✓ Recognize and conjugate verbs from Conjugation 4.
- ✓ Use direct and indirect objects.

CEFR: Can understand and use information from blogs and articles about life in new and different places (CEFR B1); Can write a blog post expressing doubts and worries (CEFR B1).

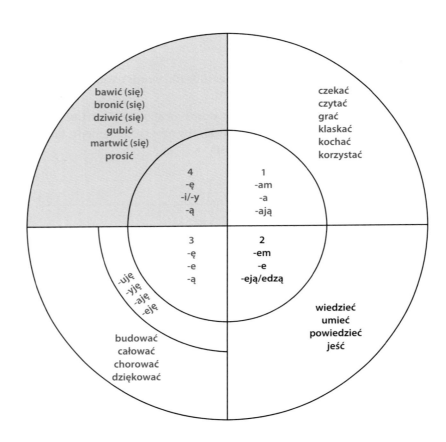

Meaning and usage

Verb conjugation 4

1 Although the conjugations are organized according to grammatical patterns relating to the endings of the infinitives, it is worth trying to look at the verbs which follow that pattern semantically – in other words, according to their meaning. A lot of verbs which belong to

Conjugation 4 are related to expressing emotions as well as learning, thinking, debating and speaking.

A **Look at the list of verbs. How else could these verbs be grouped according to their meaning?**

2 Conjugation 4 verbs are also a rather large 'family'. Most infinitives belonging to this group end in:

-ić:	**-yć:**
dziwić się (*to be surprised*)	dotyczyć (*to affect*)
martwić się (*to worry*)	kończyć (*to finish*)
wątpić (*to doubt*)	leczyć (*to treat/to cure*)
lubić (*to like*)	liczyć (*to count*)
robić (*to do*)	przeczyć (*to deny*)
bawić się (*to play/enjoy*)	tańczyć (*to dance*)
bronić (*to defend*)	tłumaczyć (*to explain*)
gubić (*to lose*)	uczyć/uczyć się (*to teach/to learn*)
mówić (*to speak*)	marzyć (*to dream*)
prosić (*to ask sb to to do sth/to request*)	
czyścić (*to clean*)	
nosić (*to carry*)	
dwoić się i troić się (*to bend over backwards*)	
marudzić (*to whine*)	
-eć:	**-ać:**
myśleć (*to think*)	stać (*to stand*)
boleć (*to hurt*)	
lecieć (*to fly*)	
siedzieć (*to sit*)	
widzieć (*to see*)	
woleć (*to prefer*)	
słyszeć (*to hear*)	

How to form conjugation 4

1 The characteristic endings for this group in 1st and 3rd person singular and 3rd person plural are:

ja (*I*)	-ę
on/ona/ono (*he/she/it*)	-i/-y
oni/one (*they*)	-ą

Remember that according to the PTR the 2nd person singular (**ty**) ending is predictable (add -**sz** to the stem) and so are the endings for the 1st and 2nd person plural (**my** and **wy**: add endings -**my** and -**cie** respectively).

wątpić (*to doubt*)

Wątpię, czy Marek przyjdzie. (*I doubt if Marek will come.*)

Prezydent wątpi czy uda się podpisać porozumienie. (*The president doubts if it is possible to sign the agreement.*)

Wyborcy wątpią w skuteczność rządu. (*The voters doubt the effectiveness of the government.*)

dziwić się (*to be surprised*)

Dziwię się, że nie możesz znaleźć mieszkania. (*I'm surprised you can't find a flat.*)

Tomek dziwi się, że mieszkania w Krakowie są drogie. (*Tom is surprised flats in Krakow are expensive.*)

Znajomi dziwią się, że mówię tak dobrze po polsku. (*My friends are surprised I speak Polish so well.*)

	-ić	-yć	-eć	-ać
	martwić się	tańczyć	siedzieć	stać
ja	martwię się	tańczę	siedzę	stoję
ty	martwisz się	tańczysz	siedzisz	stoisz
on/ona/ono	martwi się	tańczy	siedzi	stoi
my	martwimy się	tańczymy	siedzimy	stoimy
wy	martwicie się	tańczycie	siedzicie	stoicie
oni/one	martwią się	tańczą	siedzą	stoją

B Complete the sentences with the appropriate form of the verbs in brackets.

Example: [Ja] (prosić) <u>proszę</u> **o kartę dań.**

1 Ewa (mówić) _____, że idzie do kina z Tomkiem.
2 Co o tym [ty] (myśleć) _____?
3 Jacek (nudzić się) _____.
4 [My] (Płacić) _____ czynsz co miesiąc.
5 Naukowcy (twierdzić) _____, że jest życie na Marsie.

C Complete with the missing verb forms in the table.

Verb	Singular	Plural	English	Example
bawić się	bawię się bawisz się bawi się	bawimy się bawicie się bawią się	*to play / to enjoy*	Dzieci bawią się na placu zabaw.
dzwonić	dzwonię dzwonisz dzwoni	dzwonimy dzwonicie 1 _____	*to ring/call*	Czy dzwonisz regularnie do rodziców?
gubić	gubię gubisz 2 _____	gubimy gubicie gubią	*to lose*	Filip zawsze gubi klucze
chodzić	chodzę chodzisz chodzi	chodzimy 3 _____ 4 _____	*to go*	Chodzę jeszcze do szkoły.
czyścić	czyszczę 5 _____ 6 _____	czyścimy 7 _____ 8 _____	*to clean*	Tomek czyści buty codzienne.
niepokoić	niepokoję niepokoisz niepokoi	9 _____ 10 _____ niepokoją	*to bother/to disturb*	Przepraszam, że niepokoję pana.
chwalić	chwalę 11 _____ 12 _____	chwalimy 13 _____ 14 _____	*to praise*	Mama zawsze chwali dziecko za dobre oceny w szkole.
prowadzić	prowadzę prowadzisz prowadzi	prowadzimy 15 _____ 16 _____	*to lead*	Edek prowadzi aktywny tryb życia.
mylić się	mylę się mylisz się 17 _____	18 _____ 19 _____ mylą się	*to be mistaken / to be wrong*	Mylisz się!
płacić	płacę 20 _____ płaci	płacimy 21 _____ 22 _____	*to pay*	Zawsze płacę rachunki na czas.
liczyć	liczę 23 _____ 24 _____	25 _____ 26 _____ 27 _____	*to count / to depend on something or somebody*	Liczę na ciebie!
zobaczyć	zobaczę zobaczysz zobaczy	28 _____ 29 _____ 30 _____	*to see*	Zobaczymy.

D Complete the table using verbs from the box.

klaskać	poznawać
budować	próbować
obiecywać	czekać
przestawiać	opowiadać
pływać	pamiętać
~~wątpić~~	robić
gotować	gubić
potrafić	jeść
lubić	prosić
odpocząć	nazywać się
liczyć poszukiwać	ratować
dawać	sprzedawać
dziwić się	

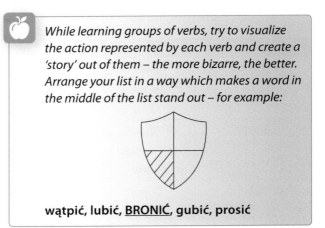

While learning groups of verbs, try to visualize the action represented by each verb and create a 'story' out of them – the more bizarre, the better. Arrange your list in a way which makes a word in the middle of the list stand out – for example:

wątpić, lubić, BRONIĆ, gubić, prosić

Conjugation 4 verbs	
wątpić	

E Now look at the remaining verbs in the box. Which do NOT belong to the conjugation 4? Place them in the following table in the appropriate group.

Conjugation 1 verbs	Conjugation 2 verbs	Conjugation 3 verbs

Meaning and usage

Direct and indirect objects

1 One way of understanding the difference between direct and indirect objects is to show if the object (i.e. noun or pronoun) is directly or indirectly affected by the action (i.e. verb).

Indirect object:

Agent daje <u>mi</u> klucze. (*The agent gives me the keys.*)

Przyglądam się <u>chmurom</u>. (*I'm watching the clouds.*)

Myślę o <u>przyszłości</u>. (*I'm thinking about the future.*)

Direct object:

Mam <u>samochód</u>. (*I've got a car.*)

Muszę kupić <u>prezent</u> dla Agaty. (*I've got to buy a gift for Agata.*)

Notice the differences side by side:

Tom kupuje <u>książkę</u> (*Tom is buying a <u>book</u>*) – i.e. the <u>book</u> is directly linked to buying.

Tom kupuje <u>mi</u> książkę (*Tom is buying <u>me</u> a book*) – The book is indirectly linked to buying because it is separated by pronoun **mi** – Tom is buying (for whom?) a book.

The direct object (a book) can be made a subject of the sentence if you change the sentence into the passive voice, while the indirect object cannot be made a subject of the sentence.

A good dictionary should be your best friend – it will give you information on which Polish verbs are transitive and which are intransitive (i.e. which require a direct object and which require an indirect object). Look out for the abbreviations vi *(intransitive verb) or* vt *(transitive verb) next to a verb head entry. It's also really important that in the course of your study you try to make your own 'collection' of verbs – using index cards is very helpful. You can include all the information you know about a verb – to which conjugation it belongs, if it transitive or not, as well as some examples.*

2 Intransitive verbs which always require an indirect object include:
wierzyć (*to believe*), **iść** (*to go*), **cieszyć się** (*to be pleased, to be glad*), **spać** (*to sleep*), **leżeć** (*to lay*), **przyglądać się** (*to watch*), **rozmawiać** (*to talk*), **fruwać** (*to fly*), **biec** (*to run*), **myśleć** (*to think*)

F **Label each sentence with *D* if it has a direct object or with *I* if it has an indirect object. Then underline the object.**

1 Agent pokazuje mieszkanie. _____

2 Agent pokazuje mi mieszkanie _____

3 Agent daje klucze. _____

4 Agent daje mi klucze. _____

5   Myślę o przyszłości. _____

6   Przyglądam się chmurom. _____

7   Podziwiam architekturę Krakowa. _____

8   Martwię się o przyszłość. _____

9   Zachwycam się widokiem. _____

10 Idę na koncert. _____

11 Mam klucze. _____

G Indicate whether the underlined words are subjects, direct objects or indirect objects.

1   Wierzę w Boga. _____

2   Piszę email do przyjaciółki. _____

3   Gotuję obiad. _____

4   Ewa gotuje obiad dla córki. _____

5   Tadek pisze artykuł do gazety. _____

6   Chciałbym pożyczyć pieniądze. _____

7   Rozmawiamy o pogodzie. _____

Vocabulary

Expressing surprise, doubt and worry

1   When expressing surprise, you can use:
niespodzianka (*surprise*)

dziwić się (imperf.) **zdziwić się** (perf.) (*to be surprised*)

wyrazić zdziwienie (*to express surprise/astonishment/puzzlement*)

Co za niespodzianka! (*What a surprise!*)

Czy lubisz niespodzianki? (*Do you like surprises?*)

Nie, nie lubię niespodzianek. (*No, I don't like surprises.*)

Dyrektor wyraził zdziwienie, że firma nie jest dochodowa. (*The director expressed his astonishment that the company is not profitable.*)

Dziwić się is often followed by conjunction **że**, which introduces a subordinate clause. **Że** is always preceded by a comma.

Dziwię się, że Marek nie ma rodziny tutaj. (*I'm surprised that Marek has no family here.*)

Wszyscy dziwią się, że on tak dobrze sobie radzi. (*Everybody is surprised that he manages so well.*)

 In Polish **wszyscy** *is used when English would normally use everybody,* **wszyscy** *is treated like a 3rd person plural and therefore is followed by a 3rd person plural form of the verb.*

2　You can express doubt and worry by using:
wątpić (*to doubt*)

zwątpienie (*doubt*)

wątpiący (*doubting*)

Czy Marek przyjdzie na przyjęcie? (*Will Marek come to the party?*)

Wątpię. (*I doubt it.*)

Policja wątpi w zeznanie świadka.
(*Police doubt the witness's statement.*)

 Policja (*police*) is used in 3rd person singular (unlike in English) – **Policja jest …** – *whilst in English we say Police are …*

Wyborcy wątpią w obietnice polityków.
(*Voters doubt the promises of the politicians.*)

To jest słynny obraz Caravaggia „Wątpiący Tomasz". *This is a famous painting by Caravaggio 'Doubting Thomas'.*

Wątpić is often followed by **czy**, which acts like *if* in English.

Wątpię, czy Marek ma rodzinę tutaj. (*I doubt if Marek has family here.*)

Wszyscy wątpią czy on sobie poradzi. (*Everybody doubts if he can manage.*)

3　To express worry you can use:

martwić (*to worry*)

martwić się (*to worry*)

martwić się is a reflexive form and is used when the emphasis is on the subject, i.e. It is <u>me</u> who is worrying myself about something rather than something is worrying me.

Choroba ojca martwi mnie. (*Father's illness worries me.*)

Martwię się zachowaniem Tomka. (*I'm worried by Tomek's behaviour.*)

Czy martwisz się o niego? (*Are you worried about him?*)

Martwić (się) similarly to **dziwić się** is often followed by **że**. For example:

Martwię się, że nie zdążę na pociąg. (*I'm worried I will miss my train.*)

Tom martwi się, że pogoda zrujnuje mu wakacje. (*Tom is worried the weather will ruin his holidays.*)

H Complete the text with the correct form of the words in brackets.

SZANOWNA REDAKCJO,

Mieszkam w Krakowie od kilku (**1**)_____ (lat/rok). Jestem zachwycony
(**2**)_____ (miastem/miastu) i jego (**3**)_____ (atmosfera/
atmosferą). Uwielbiam (**4**)_____ (architektury/architekturę)
starego miasta – romantyczne wąskie uliczki i ukryte dziedzińce w starych
(**5**)_____ (kamienice/kamienicach). Tym bardziej irytuje mnie
bałagan na niektórych ulicach i w (**6**)_____ (parkach/parki),
nielegalne parkowanie i aspołeczne zachowanie niektórych (**7**)_____
(turyści/turystów). Dziwię się, że rada (**8**)_____ (miasta/miasto) nie
działa energicznie. Sprzątanie ulic jest nieregularne, a strażnicy miejscy i policja nie
(**9**)_____ (reagować/reagują) na problem. Martwię się, że nikomu z
radnych to nie przeszkadza. Wątpię, czy problemy zostaną rozwiązane.

Z wyrazami szacunku

Filip Kowalski

Kraków

I Sort the statements to answer the questions in the table.

Życie w mieście – City living

a W mieście jest zawsze duży hałas.
b Odbywają się festiwale i koncerty.
c Lubię chodzić do teatru.
d Dzieci mogą bawić się w parkach.
e Uwielbiam starą architekturę miasta.
f Często jemy w restauracjach.
g Nielegalne parkowanie.
h Tłumy turystów.
i Mieszkanie jest ciasne i drogie.

Why would you like to live in a city?	Why wouldn't you like to live in a city?

📖 Reading

J   Read the text and answer the questions.

1   Czy Kraków to drogie miasto?_____
2   Czy agent nieruchomości stara się pomóc Robertowi?_____

Robert wysyła SMS do Jacka o problemach z wynajęciem mieszkania w Krakowie.

Robert

Martwię się, że nie znajdę nic odpowiedniego. Agent nieruchomości dwoi się i troi, żeby mi pomóc. Wozi mnie do różnych miejsc, dzwoni codziennie, ale wątpię czy coś znajdzie

Jacek

Nie dziwię się, że nie możesz znaleźć mieszkania. Kraków to bardzo drogie miasto; życie jest kosztowne

K   Now read the following texts and answer the questions in Polish.

Daily Blog

Kraków jest bardzo popularny wśród Polaków i cudzoziemców. W Krakowie jest słynny Uniwersytet Jagielloński, opera, filharmonia, Zamek Królewski na Wawelu, są teatry, muzea, galerie i parki. W centrum są eleganckie sklepy, różne restauracje, kluby i kawiarnie. Odbywają się tu festiwale i koncerty. Tu zawsze dzieje się coś interesującego.

Robert wczoraj był na Rynku. Zjadł obiad w „Kamienicy Montelupich", w której mieściła się pierwsza polska poczta ustanowiona przez króla Zygmunta Augusta w 1558 (tysiąc pięćset pięćdziesiątym ósmym) roku. Podobno dyliżansy pocztowe regularnie kursowały do Wenecji! W Kamienicy jest wystawa na ten temat. I listy szły szybciej niż dzisiaj.

The Polish verb **iść** *to go on foot / to walk is often used when talking about sending letters:* **listy idą** (letters walk).

zjadłem	*I ate (masculine)*	**dyliżansy pocztowe**	*stagecoaches*
mieściła się	*was located (feminine)*	**kursowały**	*travelled on regular basis*
ustanowiona	*established (feminine)*	**listy szły**	*letters were sent*

1 Czy Kraków jest popularny wśród cudzoziemców?_____
2 Gdzie mieściła się pierwsza poczta?_____
3 Kiedy była ustanowiona?_____
4 Kto ustanowił pocztę?_____
5 Dokąd kursowały dyliżansy pocztowe?_____
6 Jakie imprezy odbywają się w Krakowie?_____

Vocabulary

L **Read Angielska Krakowianka's blog post about her new life in Kraków. Fill in the gaps with words from the box.**

kawalerki	dzień	czubek	kamienicy	pracę
mieszkania	obiad	okna	agentem	koncert

Codzienny blog

Nowe życie w Krakowie

Angielska Krakowianka

Dzisiaj jest piękny, słoneczny dzień. Mój pierwszy (**1**) _____ w Krakowie. Zaczynam nową (**2**) _____ i nowe życie. O 9.00 mam spotkanie z (**3**) _____ nieruchomości, który daje mi klucze do nowego (**4**) _____ – maleńkiej (**5**) _____ na poddaszu w starej (**6**) _____ w centrum Krakowa. Dziwię się, że tak małe mieszkanie może być tak przestronne. Zachwycam się romantycznym widokiem na Wisłę z (**7**) _____ sypialni. Z saloniku widzę (**8**) _____ wieży Kościoła Mariackiego. Wyglądam przez okno. Przyglądam się chmurom na błękitnym niebie. Czego więcej można pragnąć? Myślę o przyszłości, ale nie martwię się o nią. Po południu idę na (**9**) _____ do małej restauracji w pobliżu. Wieczorem wybieram się na (**10**) _____ muzyki Chopina do Pałacu Bonerowskiego na Rynku. Kocham Kraków!

 # Writing

M Write your own blog (80–100 words) on starting life in a new area (for example, a big city, a small town or a village) in Polish. Include what you like about the place as well as any problems with finding appropriate accommodation and what you find irritating.

_____

_____

_____

_____

_____

_____

_____

_____

 To feel a bit closer to real life in Poland why not try to find information and photographs of the places mentioned in this unit (i.e., Pałac Bonerowski, Kamienica Montelupich also known as Dom Włoski)? If possible, put the photos wherever you usually study – it will feed your imagination and allow you to visualize the areas of Krakow discussed. Visualization is a very important part of the learning process. Imagine yourself talking fluently in Polish while visiting Poland!

Self-check

Tick the box that matches your level of confidence.

1 = very confident;   2 = need more practice;   3 = need a lot of practice

Zaznacz opcję, która najbardziej odpowiada twojemu poziomowi.

1 = pewny siebie / pewna siebie;   2 = potrzebuję więcej praktyki;   3 = potrzebuję dużo praktyki

	1	2	3
Can express favourable or unfavourable opinions.			
Can recognize and conjugate verbs from Conjugation 4.			
Can use direct and indirect objects in Polish.			
Can understand and use information from blogs and articles about life in new and different places. (CEFR B1).			
Can write a blog post expressing doubts and worries. (CEFR B1).			

6 Dawno, dawno temu ...

Once upon a time ...

In this unit you will learn how to:

● Form past tense verbs.

● Recognize imperfective and perfective verbs.

CEFR: Can understand short biographies of people (CEFR B1); Can write a short biography of a famous Pole (CEFR B1).

Meaning and usage

Describing past events

1   There are three grammatical tenses in Polish – present, past and future. The past tense is the only one which can be called universal, i.e. any Polish verb can have a past form. In contrast, perfective verbs do not have a present tense form.

   The obvious use of the past tense is to describe events which happened in the past, either at a specific moment in time or over a period of time.

   Byłem wczoraj w Krakowie. (*I was [masculine] in Krakow yesterday.*)

   Ubiegłe lato spędziliśmy we Włoszech. (*We spent last summer in Italy.*)

   Oglądałam film cały wieczór. (*I was [feminine] watching a film all evening.*)

2   However, since Polish does not have an equivalent of the present perfect tense, the past tense is also used to describe events which happened in a less defined past.

   Ewa już poszła po zakupy. (*Ewa has already gone shopping.*)

   Umyłeś ręce? (*Have you [masculine] washed your hands?*)

Using past tense verbs to determine gender

1   The past tense in Polish tells you something that the present tense does not – the gender of who is talking. In the past tense the ending will depend on masculine, feminine or neuter forms in the singular, and whether the group is masculine or mixed gender in the plural. It is important at this point to remember the concept of virile and non-virile forms. Polish has special forms for referring to masculine persons and to groups including males. It is worth stressing, however, that it is grammatically masculine persons that require virile forms rather than biologically male persons.

   For example, **dziecko** (*child*) is neuter, so **dzieci** (*children*) does not require the virile form, even if some children are male.

Other examples of masculine personal plural nouns requiring virile forms include male members of a family, professionals, members of religions or religious orders and members of ideological or political groups.

Examples:

Kobiety <u>stały</u> (non-virile) **przed domem.** (*Women were standing in front of the house.*)

Mężczyźni <u>stali</u> (virile) **przed domem.** (*Men were standing in front of the house.*)

A **Separate the nouns in the box into virile and non-virile groups.**

jezuici	chrześcijanki	więźniowie	politycy	dziewczyny	lekarze
ojcowie	matki	bracia	lekarki	rodzice	

Virile	Non-virile

How to form the past tense

1   Your knowledge of infinitives will come in very useful in creating verbs in the past tense. Unlike in the present tense, conjugation patterns are less important. The rules are slightly different and are linked to the stem of the infinitive form.

Personal endings in the past tense are very similar to the endings in present tense of **być** (*to be*).

Być

jeste<u>m</u>	jeste<u>śmy</u>
jeste<u>ś</u>	jeste<u>ście</u>
jest	są

Notice how the ending changes here. For most verbs, you would replace the endings as follows, depending on person and number:

	Singular	Plural
1st person	-m	-śmy
2nd person	-ś	-ście
3rd person	-	-

2   There are two rules for forming past tense verbs, and they depend on the stem of the infinitive.

Rule 1: Infinitives ending in a vowel and ć

1   When the infinitive of a verb ends in a vowel and **ć**, we would follow Rule 1 to form the past tense. For example, these verbs include **czyt<u>ać</u>, pis<u>ać</u>, budow<u>ać</u>, wynajmow<u>ać</u>, d<u>ać</u>, kup<u>ić</u>, mów<u>ić</u>.**

So, for example, with **dać** (*to give*), remove the final **ć** – **da**.

2   Now let's start with the third person singular. The third person forms are created by adding **-ł** (masculine), **-ła** (feminine), **-ło** (neuter), **-li** (masculine plural) or **-ły** (other plural) to what's left after removing **-ć**.

Ewa <u>daje</u> książkę Tomkowi. (*Ewa gives a book to Tomek.*)

Ewa <u>dała</u> książkę Tomkowi. (*Ewa gave a book to Tomek.*)

3   The first-and second-person forms are created from the third-person by adding personal endings to them.

<u>Dałem</u> książkę Tomkowi. (*I [masculine] gave a book to Tomek.*)

<u>Dałam</u> książkę Tomkowi. (*I [feminine] gave a book to Tomek.*)

<u>Dałeś</u> książkę Tomkowi. (*You [masculine] gave a book to Tomek.*)

<u>Dałaś</u> książkę Tomkowi. (*You [feminine] gave a book to Tomek.*)

Notice that for masculine forms, the linking vowel **e** is added before **-m** and **-ś**.

	Singular		
	Masculine	**Feminine**	**Neuter**
ja	dałem	dałam	
ty	dałeś	dałaś	
on/ona/ono	dał	dała	dało

	Plural	
	Virile (masculine / mixed gender)	**Non-virile (feminine)**
my	daliśmy	dałyśmy
wy	daliście	dałyście
oni/one	dali	dały

B **Complete the sentences with the correct form of the verb in brackets.**

  1 Andrzej (czytała/czytał) gazetę cały wieczór wczoraj.
  2 Ojciec i brat (dały/dali) mi prezenty.
  3 Magda i Ewa (pisały/pisali) artykuły o Polsce.
  4 Jezuici (budowali/budowały) ten kościół przez 100 lat.
  5 Mama i córka(wynajmowali/wynajmowały) mieszkanie w Krakowie.

Rule 2: Verbs with infinitives ending in -ść, -źć and -c

1 Verbs with infinitives ending in -ść, -źć and -c add past tense endings to stems similar to those found in their present tense forms, in the first person singular.

However, it is also worth mentioning that there is a group of verbs which have irregular past forms – e.g. **iść** (*to go*) and **jeść** (*to eat*). You will have to learn these verbs and their forms by heart.

iść

ja	idę	szedłem/szłam
ty	idziesz	szedłeś/szłaś
on/ona/ono	idzie	szedł/szła/szło
my	idziemy	szliśmy/szłyśmy
wy	idziecie	szliście/szłyście
oni/one	idą	szli/szły

jeść

ja	jem	jadłem/jadłam
ty	jesz	jadłeś/jadłaś
on/on/ono	je	jadł/jadła/jadło
my	jemy	jedliśmy/jadłyśmy
wy	jecie	jedliście/jadłyście
oni/one	jedzą	jedli/jadły

C   **Complete the gaps in the table with appropriate forms.**

Verb	Present tense		Past tense				
	Singular	Plural	Singular			Plural	
			Masculine	Feminine	Neuter	Virile	Non-virile
być	jestem	jesteśmy	byłem	byłam	było	byliśmy	byłyśmy
	jesteś	jesteście	byłeś	byłaś		byliście	byłyście
	jest	są	był	była		byli	były
mieć	mam	mamy	miałem	miałam	miało	mieliśmy	miałyśmy
	masz	macie	miałeś	miałaś		mieliście	miałyście
	ma	mają	miał	miała		mieli	miały
pracować	pracuję	pracujemy	pracowałem	pracowałam	pracowało	pracowaliśmy	pracowałyśmy
	pracujesz	pracujecie	pracowałeś	pracowałaś			pracowaliście	pracowałyście
	pracuje	pracują	pracował	pracowała		pracowali	pracowały

Verb	Present tense		Past tense				
	Singular	Plural	Singular			Plural	
			Masculine	Feminine	Neuter	Virile	Non-virile
odkrywać	odkrywam	odkrywamy	odkrywałem	odkrywałam	odkrywało	odkrywaliśmy	odkrywałyśmy
	odkrywasz	odkrywacie	odkrywałeś	odkrywałaś		odkrywaliście	odkrywałyście
	odkrywa	odkrywają	odkrywał	odkrywała		odkrywali	odkrywały
pisać	piszę	piszemy	pisałem	pisałam		pisaliśmy	_____
	piszesz	piszecie	pisałeś	_____		pisaliście	_____
	pisze	piszą	_____				
czytać	czytam	czytamy	czytałem	czytałam	_____	czytaliśmy	czytałyśmy
	czytasz	czytacie	_____	_____		_____	_____
	czyta	czytają					
budować	buduję	budujemy	budowałem	budowałam	budowało	budowaliśmy	budowałyśmy
	budujesz	budujecie	_____	_____		_____	_____
	buduje	budują					
walczyć	walczę	walczymy	walczyłem	walczyłam	_____	walczyliśmy	walczyłyśmy
	walczysz	walczycie	_____	_____		_____	_____
	walczy	walczą	_____	_____		_____	_____

D Change the sentences from the present into the past tense.

1 Edek **rozmawia** z Andrzejem o słynnych Polakach._____
2 Krzysztof **opowiada** o historii Templariuszy w Polsce._____
3 Magda **czyta** ciekawy artykuł o zaginionym portrecie Rafaela._____
4 Turyści **lubią** spacerować po Rynku w Krakowie._____
5 Turystki **jedzą** lody._____

Imperfective and perfective aspects of verbs

1 Most Polish verbs have imperfective and perfective forms. (In this book whenever imperfective and perfective forms of verbs are listed together, imperfective forms will be listed first, followed by >, then the perfective form. For example: **pisać** > **napisać**.

2 Polish relies heavily on using the correct form of the verb to indicate if the action is completed, done and dusted, or if it is not completed or ongoing. English uses simple vs. continuous aspects of the tense, and it is the use of the gerund (-ing form) that makes life easier in distinguishing between the two aspects.

I eat > I'm eating   *I ate > I was eating*

3 In Polish you will face a choice of whether to use the imperfective or perfective form.

jeść > zjeść (*to eat*)

dzwonić > zadzwonić (*to telephone / to call*)

Jadłem obiad kiedy zadzwonił telefon. (*I was eating dinner when the phone rang.*)

czytać > przeczytać (*to read*)

Cały wieczór czytałam książkę. (*I was reading a book the whole evening.*)

pisać > napisać (*to write*)

- **Kto napisał "Quo Vadis"?** (*Who wrote 'Quo Vadis'?*)

- **Henryk Sienkiewicz.**

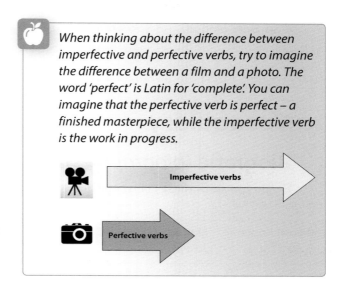

When thinking about the difference between imperfective and perfective verbs, try to imagine the difference between a film and a photo. The word 'perfect' is Latin for 'complete'. You can imagine that the perfective verb is perfect – a finished masterpiece, while the imperfective verb is the work in progress.

Imperfective verbs

Perfective verbs

4 Remember: perfective verbs do not have a present tense form.

It is also worth noting that some verbs have only one form (either imperfective or perfective).

E **Read the text about immigrants settled in Poland in the past. Choose the appropriate past tense form from for the verbs in brackets.**

W XVII wieku Królestwo Polskie (**1**) (był/było) najbardziej tolerancyjnym krajem w Europie. Imigranci z innych krajów europejskich (**2**) (osiedlali się/osiedlały się) w Polsce. Szkoci, Włosi, Francuzi, Niemcy, Holendrzy, Żydzi i Rosjanie (**3**) (przybywali/przybywałem) to Polski szukając schronienia lub fortuny. Liberalne prawo i powszechna tolerancja sprzyjały imigrantom. Szkoci (**4**) (byli/byłem) żołnierzami, Włosi (**5**) (byli/były) malarzami i architektami. Żydzi i Holendrzy (**6**) (prowadzili/prowadziły) interesy, a Niemcy (**7**) (zakładali/zakładały) manufaktury.

V

osiedlać się > osiedlić się	*to settle*
przybywać > przybyć	*to arrive*
szukać > poszukać	*to look for*
schronienie	*shelter, safe haven*
sprzyjać (imperf.)	*to favour*

When building your own 'collection' of verbs on index cards try to write and learn imperfective and perfective pairs together. Writing as many examples as possible will also help. The concept of aspects in Polish may take time to be absorbed and used correctly. The more examples you study, the easier it will become.

Vocabulary

Biografie (*biographies*)

F   Do you know these Poles? Match the names in the box with the short biographies.

Mikołaj Kopernik   Maria Skłodowska-Curie
Antoni Patek   Joseph Conrad

1 _____

Urodził się w 1473 roku w Toruniu. Polski astronom i duchowny. Studiował w Krakowie i we Włoszech. Autor teorii heliocentrycznej – Ziemia krąży wokół Słońca. Zmarł w 1543 roku we Fromborku.

2 _____

Urodziła się w 1867 roku w Warszawie. Wybitna polska fizyczka i chemiczka, pionierka badań nad radioaktywnością. Studiowała, mieszkała i pracowała we Francji. Była pierwszą kobietą laureatką Nagrody Nobla i pierwszą osobą, która otrzymała Nobla dwa razy – w dziedzinie fizyki i w dziedzinie chemii. Odkryła dwa pierwiastki – rad i polon.

3 _____

Urodził się w 1811 roku. Był oficerem kawalerii. Brał udział w Powstaniu Listopadowym. Po upadku Powstania wyemigrował do Szwajcarii. W Genewie założył firmę zegarmistrzowską. Jego partnerem był Adrien Philippe. Firma istnieje do dziś i produkuje ekskluzywne zegarki najwyższej jakości.

4 _____

Jego prawdziwe nazwisko to Józef Teodor Konrad Korzeniowski. Urodził się w 1857 roku na Ukrainie w polskiej rodzinie. Służył w marynarce handlowej we Francji i w Anglii. Po zakończeniu kariery morskiej zajął się pisaniem. Zasłynął jako autor powieści takich jak „Jądro ciemności" i „Lord Jim". Uważany jest za jednego z największych pisarzy anglojęzycznych. Zmarł w 1924 roku w niedaleko Canterbury w południowo-wschodniej Anglii.

When talking about biographies, the following words and phrases are very useful.

urodzić się	*to be born*
skończyć (szkołę/studia)	*to complete school/ studies, to graduate*
studiować (imperf.)	*to study*
mieszkać > zamieszkać	*to live / to inhabit*
przebywać (imperf)	*to stay somewhere*
podróżować (imperf)	*to travel*
emigrować > wyemigrować	*to emigrate*
brać udział	*to take part*

 Reading

G Read the text and answer the question in Polish.

Kim byli „geniusze"?_____

Blog o słynnych Polakach

GENIUSZE – LWOWSKA SZKOŁA MATEMATYCZNA

W 1916 roku, na peryferiach Europy, z dala od słynnych uniwersytetów, grupa około dwudziestu polskich matematyków stworzyła legendarną Lwowską Szkołę Matematyczną. Najsłynniejszymi członkami byli Stefan Banach, Stanisław Ulam, Hugo Steinhaus i Stanisław Mazur.

Spotykali się często w Kawiarni Szkockiej we Lwowie gdzie dyskutowali o problemach matematycznych. Założyli słynną Księgę Szkocką – gruby notatnik gdzie zapisywali zadania i rozwiązania. Niektóre z ich zagadnień matematycznych pozostają nierozwiązanie do dziś.

Stefan Banach nigdy nie skończył studiów, chociaż został profesorem na Uniwersytecie Jana Kazimierza we Lwowie. Należy do najwybitniejszych matematyków XX wieku. Podczas II wojny światowej zarabiał na życie jako karmiciel wszy w instytucie chorób zakaźnych we Lwowie.

Stanisław Ulam wyemigrował do Stanów Zjednoczonych i pracował w Los Alamos nad pierwszą bombą atomową.

Hugo Steinhaus przeżył wojnę i kontynuował pracę naukową we Wrocławiu. Był znany nie tylko jako genialny matematyk, ale także jako autor aforyzmów takich jak – „Kula u nogi – Ziemia".

zarabiać na życie	*to earn a living*
karmiciel wszy	*feeder of lice*
choroby zakaźne	*infectious diseases*
przeżyć wojnę	*to survive the war*
praca naukowa	*scientific career*
aforyzmy	*aphorisms*

A feeder of lice was a job in occupied Poland in the city of Lwów at the Institute for the Study of Typhus and Virology during the Second World War. The job involved developing vaccines against typhus from lice. The great Polish mathematician, Stefan Banach, did this job during the war.

H   Read the text again and answer the following questions in Polish.

1   Ilu było członków Lwowskiej Szkoły Matematycznej?_____
2   Gdzie spotykali się matematycy?_____
3   Czy Stefan Banach ukończył studia?_____
4   Jak Banach zarabiał na życie w czasie wojny?_____
5   Gdzie pracował Stanisław Ulam?_____
6   Co po wojnie robił Hugo Steinhaus?_____

I   Look at the text again. Underline all imperfective verbs and circle all perfective verbs.

It may be helpful to make a list of all the verbs in the text first and then to separate them into imperfective and perfective verbs.

J   Complete the sentences with the appropriate past form of the verb in brackets.

1   Canaletto i Rembrandt_____ (być) malarzami.
2   Ewa_____ (pracować) w dużej firmie w Warszawie.
3   Ewa i Tomek_____ (mieszkać) w Poznaniu przez pięć lat.
4   Henryk Sienkiewicz_____ (urodzić się) w 1846 roku.
5   Kiedy Maria Skłodowska-Curie_____ (otrzymać) Nagrodę Nobla?

K   Choose the correct form of the verbs in brackets.

1   Kobiety (usiedli/usiadły) na ławce i (rozmawiali/rozmawiały).
2   Dzieci (bawili się / bawiły się) na podwórku.
3   Tomek i Tadek (pojechali/pojechały) do Londynu.
4   Joasia i Karol (mieszkali/mieszkały) w Radomiu.
5   Szkoci (byli/były) w Polsce żołnierzami i kupcami.

Why not try to write your own imaginary biography – you can be whatever and whoever you want to be – a famous writer, singer, actor or scientist. If you have a favourite celebrity, write about him/her.

 # Writing

L   Research one of the following famous Poles and write a short biography (80–100 words) in Polish: Fryderyk Chopin, Paweł Strzelecki, Tadeusz Kościuszko.

_____

_____

_____

_____

_____

_____

_____

_____

_____

_____

Self-check

Tick the box that matches your level of confidence.

1 = very confident;   2 = need more practice;   3 = need a lot of practice.

Zaznacz opcję, która najbardziej odpowiada twojemu poziomowi.

1 = pewny siebie /   2 = potrzebuję więcej   3 = potrzebuję dużo
   pewna siebie;   praktyki;   praktyki

	1	2	3
Can form past tense verbs.			
Can recognize imperfective and perfective verbs.			
Can understand short biographies of people. (CEFR B1).			
Can write a short biography of a famous Pole. (CEFR B1).			

7 Przeszłość przyszłości

To the future, from the past

In this unit you will learn how to:

- ✓ Use the future tense.
- ✓ Recognize imperfective and perfective verbs.
- ✓ Use time phrases.

CEFR: Can find predictable information in posters and advertisements (CEFR B1); Can write a short text about an event (CEFR B1).

 The motto „**Przeszłość przyszłości**" is inscribed above the entrance to the Temple of the Sybil in Puławy in Poland. It can be translated as *To the future, from the past.* The temple (Świątynia Sybilli) was commissioned by Izabela Czartoryska and based on the plan for the Temple of Sybille in Tivoli near Rome. Completed in 1801, after the Third Partition of Poland, when the country ceased to exist, it was designed to house the collection of national artifacts – it was the first National Museum in Poland. Hence it was also known as the Temple of Memory.

Temple of the Sybil © Michał Budzisz 2016

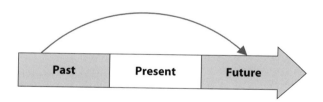

Meaning and usage

The future tense

1 The future tense in Polish can be simple or compound. It is used both for activities that will be completed in a well-defined moment in the future (**jutro** *tomorrow*, **pojutrze** *the day after tomorrow*, **w przyszłym tygodniu/miesiącu/roku** *next week/month/year*) or for activities that will last over a certain period of time (**przez tydzień/miesiąc/rok** *for a week/month/year*). The two different aspects of activities, i.e. completed (perfective) and incomplete (imperfective) will determine whether we use the simple or the compound future tense.

Jutro będę robiła zakupy. (*Tomorrow I'll be going shopping.*)

Przeczytam ten artykuł w przyszłym tygodniu. (*I'll read this article next week.*)

Talking about the future can also involve possibility, probability or uncertainty.

How to form future tense verbs

1   Why are we talking about the past when discussing the future tense? Because in forming the future tense, you will see the present tense, the past tense, the infinitive, the perfective and imperfective forms all coming together to form the future.

2   There are three ways of creating the future tense in Polish: one way for perfective verbs and two ways for imperfective verbs. The title of this unit, 'To the future, from the past' is very fitting because one way of describing the future is to combine the future tense of **być** with the verb in its past tense form.

Imperfective verbs

1   The first way to form the future tense of imperfective verbs is to combine the future form of **być** with the infinitive of an imperfective verb.

Step 1: Take **być** in the future tense.

być					
ja	będę	*I will be*	my	będziemy	*we will be*
ty	będziesz	*you will be*	wy	będziecie	*you will be*
on	będzie	*he will be*	oni/one	będą	*they will be*
ona	będzie	*she will be*			
ono	będzie	*it will be*			

Step 2: Add an imperfective verb in its infinitive form.

Examples:

<u>Będę czekać</u> na ciebie o pierwszej. (*I'll be waiting for you at 1.00.*)

<u>Będziesz czytać</u> lektury czy chcesz tego czy nie. [*You'll be reading the books (from the compulsory reading list] whether you want to or not.*)

<u>Magda i Edek będą mieszkać</u> w Krakowie. (*Magda and Edek will be living in Krakow.*)

2   The second way, which is more common in Polish, is to combine the future tense of **być** with a past tense verb in the 3rd person (singular or plural).

Infinitive	3rd person singular/ plural masculine/ feminine/neuter	Example	
czekać (*to wait*)	(singular) czekał/czekała/ czekało (plural) czekali/czekały	*I, you*, etc. *will wait* (lit. *I will be waiting*) ja będę czekał/czekała Ty będziesz czekał/czekała On będzie czekał Ona będzie czekała Ono będzie czekało My będziemy czekali Wy będziecie czekali Oni będą czekali One będą czekały	*for the bus.* na autobus.

Pisać (*to write*)

pisał/pisała/pisało/pisali/pisały (*he wrote / she wrote / it wrote / they* (*virile*) *wrote / they* (*non-virile*) *wrote*)

Jutro <u>będę pisała</u> test. (*I'll be writing a test tomorrow.*)

Budować (*to build*)

budował/budowała/budowało/budowali/budowały (*he built / she built / it built / they [virile] built / they [non-virile] built*)

Polska firma <u>będzie budowała</u> kolej w Chinach. (*A Polish company will be building a railway in China.*)

3 There are some verbs, for example **chcieć** (*want*) and **móc** (*can*), which form the future tense only by adding their past forms to **być**:

będę chciał/chciała

będzie chciało

będą chcieli/chciały

będę mógł/mogła

będzie mogło

będą mogli/mogły

A **Complete the sentences with the correct future form of the verbs in brackets.**

1 Teatr Szekspira z Londynu (wystawi/będzie wystawić) sztukę „Romeo i Julia" w Warszawie.
2 Staszek (przeczyta/będzie przeczytał) gazetę w pociągu.
3 Czy będziesz (pracowałeś/pracowała) w niedzielę?
4 W czerwcu będę (podróżowałam/podróżować) po Włoszech i Grecji.
5 Piłkarze angielscy (będzie grać/zagrają) mecz towarzyski w Katowicach w lipcu.

Perfective verbs

1 To form the future tense for perfective verbs, add a present tense ending to a perfective verb. Although it looks like the present tense, it will not have a present tense meaning. Remember, perfective verbs don't have a present tense.

Here are some more examples (for simplicity, the examples which follow are all for the 1st person singular – *I*):

Present tense		Future tense	
Gotuję obiad.	*I'm cooking dinner.*	**Ugotuję** obiad.	*I will cook dinner.*
Jem obiad.	*I'm eating dinner.*	**Zjem** obiad.	*I will eat dinner.*
Czytam książkę.	*I'm reading a book.*	**Przeczytam** książkę.	*I will read a book.*
Buduję dom.	*I'm building a house.*	**Zbuduję** dom.	*I will build a house.*

B **Fill in the gaps in the table with missing verb forms.**

Imperfective verbs	Past	Future
bawić się (*to entertain / to enjoy*)	bawił się / bawiła się / bawiło się / bawili się / bawiły się	będę bawił się / bawiła się
		będziesz bawił się / bawiła się
		będzie bawił się / bawiła się / bawiło się
		będziemy bawili się / bawiły się
		będziecie bawili się / bawiły się
		będą bawili się / bawiły się
grać (*to play*)	grał/grała/grało/grali/grały	będę grał/grała
		będziesz grał/grała
		będzie grał/grała/grało
		będziemy grali/grały
		będziecie grali/grały
		będą grali/grały

Imperfective verbs	Past	Future
wracać (*to return / go back / come back*)	wracał/wracała/wracało/ wracali/wracały	będę wracał/wracała będziesz wracał/wracała będzie wracał/wracała/wracało będziemy wracali/_____ będziecie wracali/_____ będą _____/_____
wyjeżdżać (*to leave / to go away*)	wyjeżdżał/wyjeżdżała/ wyjeżdżało/wyjeżdżali/wyjeżdżały	będę wyjeżdżał/wyjeżdżała będziesz _____/_____ będzie _____/_____/_____ będziemy _____/_____ będziecie _____/_____ będą _____/_____ _____ wyjeżdżał/_____
zapraszać (*to invite*)	zapraszał/zapraszała/zapraszało/ zapraszali/zapraszały	_____ zapraszał/zapraszała _____ zapraszał/_____ _____ zapraszał/_____/_____ będziemy _____/zapraszały _____ _____/_____ _____ _____/_____

Perfective verbs	Past	Future
zagrać	zagrał/zagrała/zagrało zagrali/zagrały	zagram zagrasz zagra zagramy zagracie zagrają
wrócić	wrócił/wróciła/wróciło wrócili/wróciły	wrócę wrócisz wróci wrócimy wrócicie wrócą

Perfective verbs	Past	Future
wyjechać	wyjechał/wyjechała/wyjechało wyjechali/wyjechały	wyjadę wyjedziesz wyjedzie wyjedziemy wyjedziecie wyjadą
zaprosić	zaprosił/zaprosiła/zaprosiło zaprosili/zaprosiły	zaproszę zaprosisz zaprosi zaprosimy zaprosicie zaproszą

C Read the text. Underline all the perfective verbs and circle all the imperfective verbs.

ZAKOPOWER W LONDYNIE

Wczoraj w Londynie odbył się koncert popularnego zespołu Zakopower. Przez ponad dwie godziny publiczność znakomicie bawiła się. Lider zespołu, Sebastian Karpiel-Bułecka jak zwykle porwał publiczność do zabawy brawurowym występem pełnym energii i wspaniałej muzyki.

Koncert w Londynie jest częścią tournée Zakopower po Wielkiej Brytanii. Zagrali już koncerty w Edynburgu, Glasgow i Birmingham. W przyszłym tygodniu zagrają w Bristolu.

To jednak nie koniec. Za kilka miesięcy zespół powróci do Anglii na koncert podczas Festiwalu Kultury Europejskiej w Manchester.

Publiczność brytyjska i polska przyjmuje Zakopower z entuzjazmem, W przyszłym roku zespół wyjedzie na koncerty do Stanów Zjednoczonych. Wystąpią w Bostonie, Filadelfii, Nowym Jorku i Chicago. Jesienią zespół wyda nową płytę.

You can expand your knowledge of Polish by listening to Polish songs. There are a number of websites which offer lyrics in Polish, and some even give English translations. The history of Polish popular music largely reflects the trends of its Western counterparts, so it may be more familiar than you think. This will also help you with your listening comprehension skills.

D Read the text in Activity C again and highlight all the verbs in the future tense.

Vocabulary

Yesterday, today and tomorrow

When talking about the present, the past and the future, we often need to use appropriate time phrases, also known as time adverbials (in Polish called **okolicznik czasu**), which answer the questions *when?* or *how long?*

Adverbials of time		
Past	**Present**	**Future**
wczoraj (*yesterday*)	dziś/dzisiaj (*today*)	jutro (*tomorrow*)
przedwczoraj (*the day before yesterday*)	teraz (*now*)	pojutrze (*the day after tomorrow*)
w ubiegłym tygodniu/miesiącu/roku (*last week/month/year*)	w tej chwili (*at the moment*)	w przyszłym tygodniu/miesiącu/roku (*next week/month/year*)
codziennie (*every day*)		
zawsze (*always*)		
często (*often*)		
nigdy (*never*)		
rzadko (*rarely*)		
cały dzień/wieczór/tydzień/miesiąc/rok (*all day/evening/week/month/year*)		

E Complete the sentences with an appropriate time phrase in Polish.

1 Czytałam książkę (*all evening*)_____.
2 Czy (*often*)_____ pan tu bywa?
3 (*Next year*)_____ Zakopower jedzie na koncerty do Stanów Zjednoczonych.
4 (*Last year*)_____ Adam był na wakacjach we Włoszech.
5 Basia chodzi na spacer z psem (*every day*)_____.

 # Reading

F Read the text and answer this question in Polish: **Na co Karol zaprosił Magdę?**

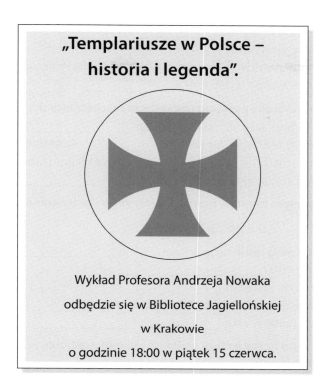

**„Templariusze w Polsce –
historia i legenda".**

Wykład Profesora Andrzeja Nowaka

odbędzie się w Bibliotece Jagiellońskiej

w Krakowie

o godzinie 18:00 w piątek 15 czerwca.

G   Read the text and answer the questions which follow.

Magda chciałaby dowiedzieć się więcej na temat wykładu.

Magda:	Kto będzie prowadzić wykład?
Karol:	Profesor Andrzej Nowak.
Magda:	Czy znasz go?
Karol:	Tak. To mój serdeczny przyjaciel. Jest historykiem i profesorem na Uniwersytecie Jagiellońskim.
Magda:	O czym dokładnie będzie wykład?
Karol:	Profesor Nowak będzie mówił o historii Templariuszy w Polsce. Kiedy przybyli do Polski, gdzie budowali swoje zamki, tak zwane komandorie, co robili w Polsce i co się stało z Templariuszami po rozwiązaniu zakonu. Profesor Nowak będzie też opowiadał o legendach związanych z Templariuszami.
Magda:	O której skończy się wykład?
Karol:	Około 20:00 (dwudziestej). Po wykładzie zaprosiłem Profesora Nowaka na kolację do restauracji. Poznasz Andrzeja osobiście. Porozmawiamy więcej o tematach, które cię interesują.
Magda:	Świetnie. To będzie fascynujący wieczór.

1 O której odbędzie się wykład?_____

2 Gdzie odbędzie się wykład?_____

3 O czym, oprócz historii Templariuszy, będzie opowiadał Profesor Nowak?_____

4 Co Karol zaplanował po wykładzie?_____

H Complete the sentences by placing the verbs in brackets into the future tense.

1 Mój ojciec pracował jako architekt, a mój syn_____ (pracować) jako lekarz.

2 Przeczytałam już tę książkę, ale jutro_____ (przeczytać) następną.

3 Czy on już wyjechał? Nie,_____ (wyjechać) jutro rano.

4 Czy wiesz, o której zaczyna się mecz? Nie wiem, ale_____ (dowiedzieć się).

I Change the sentences from the masculine form into the feminine form.

Example: _Oni uciekli. One uciekły._

1 Oni prowadzili małą restaurację w Rzymie. One _____.

2 Pożegnałeś się z nią? _____?

3 Boli nie kolano bo upadłem. _____.

4 Nie wiedziałem, że Joseph Conrad był Polakiem. _____.

5 Wróciliśmy do Polski w maju. _____.

J You would like to go to the lecture on Polish culinary tradition. Read the poster and answer these questions in Polish.

> Historia i tradycja
>
> Kuchni Polskiej
>
> Wykład mistrza sztuki kulinarnej Adama Biereckiego.
>
> Godz.19:00 – 21:00
>
> 23 listopada Restauracja „ Pod Różą"
>
> Skąd się wziął bigos i faworki?
>
> Zapraszamy na degustację potraw przygotowanych przez Adama.

1 O której zacznie się wykład?_____

2 O której skończy się wykład?_____

3 Gdzie odbędzie się wykład?_____

4 Kto poprowadzi wykład?_____

5 Jaka będzie główna atrakcja wykładu?_____

6 O jakich potrawach będzie mowa?_____

K Categorize the following verbs into two groups: imperfective and perfective. Then match the imperfective verbs with their perfective counterparts. Use a dictionary if necessary.

rozmawiać	odbywać się	porwać	odbyć się	wyjeżdżać
powrócić	budować	powracać	przeczytać	robić
wyjechać	porywać	napisać	wydać	zbudować
czytać	pisać	porozmawiać	wydawać	zrobić

Imperfective	Perfective
Example: *rozmawiać*	*porozmawiać*

L Fill in the gaps in your journal, describing your plans for next week. Choose from the verbs in the box, but put the verbs in the correct form.

pojechać	zobaczyć	spędzić	pisać	pójść

To będzie bardzo pracowity tydzień. W poniedziałek (**1**) _____ na koncert Zakopower z Markiem. We wtorek rano (**2**) _____ do Warszawy i cały dzień (**3**) _____ na konferencji. We wtorek wieczorem (**4**) _____ operę „Tosca" w Teatrze Wielkim. W środę (**5**) _____ raport z konferencji.

Writing

M Write a short article (80–100 words) about an event (concert, exhibition, lecture or performance) using the verbs in both the past and future tenses.

You can include the following vocabulary:

koncert / wykład był o / zaczął się / skończył się / odbył się w /

wystawa była zorganizowana w … na temat …

przedstawienie było …

chętnie jeszcze raz pójdę na …

> *When 'collecting' Polish verbs on index/ flash cards and learning them why not try to colour code the imperfective and perfective verbs. Colour will help you to associate the words and remember them better. You can also add a small icon of a camera (for perfective) and a video camera (for imperfective) verbs.*

_____

_____

_____

_____

_____

_____

_____

_____

_____

_____

Self-check

Tick the box that matches your level of confidence.

1 = very confident;   2 = need more practice;   3 = need a lot of practice

Zaznacz opcję, która najbardziej odpowiada twojemu poziomowi.

1 = pewny siebie /   2 = potrzebuję więcej   3 = potrzebuję dużo
   pewna siebie;   praktyki;   praktyki

	1	2	3
Can form the future tense.			
Can recognize imperfective and perfective verbs.			
Can use time phrases.			
Can find predictable information in posters and advertisements. (CEFR B1).			
Can write a short text about an event. (CEFR B1).			

Słuchaj! Nic nie mów!

Listen! Don't say anything!

In this unit you will learn how to:

- ✓ Form the imperative forms of imperfective and perfective verbs.
- ✓ Recognize the difference between formal and informal imperatives.

CEFR: Can understand a narrative about advice and commands (CEFR B1); Can write a guide giving advice to learners of Polish (CEFR B2).

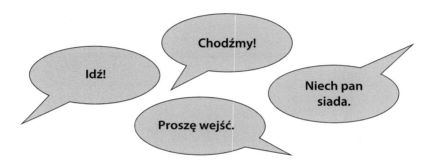

Meaning and usage

Imperative verbs

1   From prayers, poetry and advertisements to survival instructions, the imperative is everywhere.

The imperative is used to give orders, make requests, make strong suggestions, give firm advice, urge someone to do something, give warnings, express prohibitions and remind or reinforce positive commands.

In the Ten Commandments:

Nie <u>zabijaj</u>! *[lit. Do not kill]* (*You shall not kill.*)

Nie <u>cudzołóż</u>! *[lit. Do not commit adultery]* (*You shall not commit adultery.*)

Nie <u>kradnij</u>! *[lit. Do not steal]* (*You shall not steal.*)

In poetry:

<u>Idź</u> wyprostowany wśród tych co na kolanach. (*Go upright among those who are on their knees.*)

<u>bądź</u> odważny (*be courageous*)

<u>Strzeż się</u> oschłości serca <u>kochaj</u> źródło zaranne. (*Beware of dryness of heart, love the morning spring.*)

<u>czuwaj</u> (*be vigilant*)

Poetry extracts from `Przesłanie Pana Cogito' (The Envoy of Mr Cogito) by Zbigniew Herbert 1973, translated by Czesław Miłosz

In advertisements:

Nie <u>zwlekaj</u>! <u>Otwórz</u> konto już dziś! (*Don't delay! Open your account today!*)

<u>Weź</u> udział w promocji! (*Take advantage of the promotion!*)

<u>Odbierz</u> bezpłatny katalog! (*Collect a free catalogue!*)

<u>Przedłuż</u> subskrypcję! (*Extend your subscription!*)

 A Read the following public information brochure and underline the verbs in the imperative form.

> Biuletyn Informacji Publicznej
>
> Naucz dzieci, jak i kiedy wzywa się policję, pogotowie lub straż pożarną.
>
> *Teach your children how and when to call the police, the ambulance and the fire service.*
>
> Udziel pomocy rannym i poszkodowanym.
>
> *Help those injured and harmed.*
>
> Unikaj leżących lub zwisających przewodów elektrycznych.
>
> *Avoid electrical cables laying or hanging.*
>
> Sprawdź instalację gazową, elektryczną, wodociągową i ściekową w swoim domu.
>
> *Check the gas and electrical installation, water supply and sewage.*

B With the help of a dictionary, find infinitives for the verbs you've just underlined in Activity A.

How to form the imperative

1 The imperative can be formed from both imperfective and perfective verbs. Imperatives can be informal (these are created for the 2nd person singular, the 1st person plural or 2nd person plural):

Siadaj! (you – singular) (*Sit down!*)

Siadajmy (we – plural) (*Let's sit down.*)

2 Imperatives can also be formal. Use formal imperatives when you are addressing somebody you don't know, somebody in the position of authority or an elder. In this case you use **niech** followed by **pan** *sir* or **pani** *madam* followed by a verb in the 3rd person singular.

Niech pan/pani siada. (*Sit down, sir/madam.*)

If you are addressing a group of people in a formal way, use **niech** followed by **panowie** *gentleman*, **panie** *ladies* or **państwo** *ladies and gentlemen*.

Niech panowie / panie / państwo siadają. (3rd person plural) (*Sit down gentlemen/ ladies / ladies and gentlemen.*)

C **Choose the appropriate form of the verbs in brackets to complete the sentences. Personal pronouns are given in square brackets for clarity.**

   1 **Niech pan (siadaj/siada).**
   2 **[ty] (Czytajmy/Czytaj).**
   3 **[my] (Czytajmy/Czytaj).**
   4 **Niech państwo (podpiszą/podpisz) formularz.**
   5 **[wy] (Zamknij/Zamknijcie) drzwi.**

3 When formed from an imperfective verb, the imperative is used for giving advice, a warning (often used with **nie**), or making a polite request. It could also refer to making suggestions, urging somebody to do something or giving rude orders.

dotykać	**Nie dotykaj!** (*Don't touch!*)
dręczyć	**Nie dręcz kota!** (*Don't torment the cat!*)
wysyłać	**Nie wysyłaj gotówki!** (*Don't send cash!*)
wracać	**Wracaj do domu!** (*Come/go back home!*)

4 When formed from a perfective verb, the imperative refers to specific requests or warnings, as well as reminding and reinforcing positive commands. It refers to actions to be done once and to be completed.

zapomnieć	**Nie zapomnij zarezerwować bilet.** (*Don't forget to book the tickets.*)
podpisać	**Podpisz formularz.** (*Sign the form.*)

The differences between imperfective and perfective imperatives are subtle, but quite distinctive. The more you 'collect' examples of the imperatives in different contexts, the better you'll become at using them.

5 Imperative forms are based on present tense forms and fall into two groups:
>   verbs with the endings -**am**, -**a**, -**ają**
>   all other verbs (although this group will have sub-groups)

For verbs ending in -**am**, -**a**, -**ają** (Conjugation 1), remove the final -**ą** from the 3rd person plural to create the imperative for 2nd person singular.

For 1st person plural, add -**my**, and for 2nd plural add -**cie**.

Infinitive	Present tense 1st, 2nd, 3rd singular 1st, 2nd, 3rd plural	Imperative singular	Imperative plural
czytać	czytam, czytasz, czyta, czytamy, czytacie, **czytają**	Czytaj! (*Read!*)	Czytaj-my! (*Let's read!*) Czytaj-cie! [you] (*Read!*)

narzekać (*to complain/moan*)

Nie narzekaj. (*Don't complain/moan.*)

Niech pan nie narzeka. (*Don't complain/moan sir. [There is no need to complain/moan, sir.]*)

For all other verbs, remove the final letter from the 3rd person singular (both for imperfective and perfective verbs).

Pisz starannie (*Write neatly.*)

Napisz esej na jutro. (*Write an essay for tomorrow.*)

Infinitive	Present tense 1st, 2nd, 3rd singular	Imperative singular	Imperative plural
pisać > napisać	piszę, piszesz, **pisze** napiszę, napiszesz, **napisze**	Pisz! (*Write!*) Napisz! (*Write!*)	Pisz-my! (*Let's write.*) Pisz-cie! (you plural) (*Write!*) Napisz-my! (*Let's write!*) Napisz-cie! (you plural) (*Write!*)

For verbs that end in the 3rd person singular with -**ie**, remove the vowel -**e** and add -**j**:

Zacznijmy od tego, że ... (*Let's start from the fact that ...*)

Zacznij wreszcie sprzątanie. (*Start the cleaning, will you!*)

Infinitive	Present tense 3rd person singular	Imperative singular	Imperative plural
zacząć (*to begin/to start*)	zacznie	Zacznij! (*Begin!/Start!*)	Zacznij-my! (*Let's begin!*)
			Zacznij-cie! (you plural) (*Begin!/Start!*)

For verbs that end in 3rd person singular with **-oi**, change to **-ój**.

Stój przy mnie! (*Stand by me (don't move away)!*)

Infinitive	Present tense 3rd person singular	Imperative singular	Imperative plural
stać (*to stand*)	stoi	Stój! *Stand!* (also *Stop!*)	Stój-my! *Let's stand! / Let's stop!*
			Stój-cie! (you) *Stand!/Stop!*

6   The formal imperative of the 3rd person singular is created by using:

niech + **pan/pani** + verb in 3rd person singular

niech + **państwo/panowie/panie** + verb in 3rd person plural

Infinitive	Informal imperative	Formal imperative
siadać	Siadaj!	Niech pan/pani siada. Niech państwo/panowie/panie siadają.
podpisać	Podpisz!	Niech pan podpisze.
		Niech państwo/panowie/panie podpiszą.

D   Fill in the gaps in the table with the appropriate imperative forms.

Infinitive	Imperative			
	2nd singular (informal)	3rd singular (formal)	1st plural	2nd plural
czytać imperf. *to read*	czytaj	niech pan/pani czyta	czytajmy	czytajcie
siadać imperf. *to sit*	siadaj	niech pan/pani siada	_____	_____
kupować imperf. *to buy*	kupuj	niech pan/pani kupuje	kupujmy	_____
dotykać imperf. *to touch*	nie dotykaj	niech pan/pani nie dotyka	nie _____	nie _____
zabijać imperf. *to kill*	nie _____	niech pan/pani nie _____	nie _____	nie _____
zwlekać imperf. *to delay*	nie _____	niech pan/pani nie _____	nie _____	nie _____
nauczyć perf. *to teach*	naucz	niech pan/pani nauczy	nauczmy	nauczcie
kupić perf. *to buy*	kup	niech pan/pani kupi	kupmy	_____
robić imperf. *to do*	(nie) rób	niech pan/pani (nie) _____	(nie) _____	(nie) _____

E **Underline the imperatives in the refren (chorus) of the song.**

Nie bądź taki szybki Bill.

Refren:

Nie bądź taki szybki Bill, wstrzymaj się przez kilka chwil,

przestań działać jednostajnie, porozmawiaj o Einsteinie,

nie bądź taki szybki Bill.

Nie bądź taki szybki Bill, dobrze czasem zmienić styl,

chcesz omotać mnie to powiedz czemu lata odrzutowiec,

nie bądź taki szybki Bill.

Nie bądź taki szybki Bill performed by Kasia Sobczyk; lyrics, Ludwik Jerzy Kern; music, Jerzy Matuszkiewicz 1965

szybki Bill	*someone who is hot-headed, acts before he thinks (Bill is a reference to a character from Westerns who shoots first before he thinks.)*

 Try to find a recording of this song on the Internet so you can listen to it when following the text. This will help with your listening comprehension.

 F All the verbs here are in the imperative form, but some do not follow the rules explained earlier. Identify which are the exceptions.

Bądź!	Śpiewaj!	Śmiej się!	Myśl!	Zapomnij!	Weź!	Znajdź!

G **Write the imperatives for the 2nd person singular for the following verbs.**

1 czekać _____

2 chodzić _____

3 jeść _____

4 przeprosić _____

5 oddać _____

Vocabulary

Being bossy and telling others off

Telling others what to do	Telling other what NOT to do
Uważaj! (*Pay attention! Beware!*)	Nie dotykaj! (*Don't touch!*)
Przeproś! (*Say you are sorry!*)	Nie hałasuj! (*Don't make such a noise!*)
Odwróć się! (*Turn round!*)	Nie krzycz! (*Don't shout!*)
Uklęknij! (*Kneel down!*)	Nie wrzeszcz! (*Don't scream!*)
Stój bo strzelam! (*Stop or I'll shoot!*)	Nie rób tego! (*Don't do it!*)
Odłóż to! (*Put it down!*)	Nie ruszaj! (*Don't touch it!*) (i.e. **don't move it**)
Zamknij się! (*Shut up!*)	Nie ruszaj się! (*Don't move!*) (i.e. **stay where you are**)
Zamknij drzwi/okno! (*Close the door/window!*)	Nie zamykaj drzwi/okna! (*Don't close the door/window!*)
Wynoś się! (*Get out!*)	Nie wchodź! (*Don't go/come in!*)
Oddaj! (*Give it back!*)	Nie zabieraj! (*Don't take it away!*)
Słuchaj! (*Listen!*)	Nie zabijaj! (*Don't kill!*)
Wstawaj! (*Get up!*)	Nie wstawaj! (*Don't get/stand up!*)
Chodź! (*Come on!*)	Nie kradnij! (*Don't steal!*)

H Choose the correct response.

1 If you want to ask politely somebody to sit down would you say:
   a Siadaj!   b Proszę usiąść.

2 If you want to tell somebody not to touch would you say:
   a Nie dotykaj!   b Niech pani dotyka.

3 If you want to tell somebody to turn round would you say:
   a Odwrócisz się.   b Odwróć się!

I Complete the survival guide with the appropriate verbs from the box.

| awanturuj | patrz | czekaj | obserwuj | zachowaj | bądź | stawiaj |

> Poradnik przetrwania
>
> Jak zachować się w razie ataku.
>
> (1) _____ spokój.
>
> Nie (2) _____ napastnikowi w oczy.
>
> (3) _____ posłuszny.
>
> (4) _____ otoczenie.
>
> Nie (5) _____ się.
>
> Nie (6) _____ oporu.
>
> (7) _____ na pomoc.

J Complete these instructions on how to use a parking machine. Use the verbs in brackets in the appropriate imperative form.

> **Instrukcja obsługi parkometru**
>
> **(1)** _____ (wybrać) czas postoju. (*Select time of parking.*)
>
> **(2)** _____ (wrzucić) odpowiednią monetę. (*Insert correct coin(s).*)
>
> **(3)** _____ (zatwierdzić) zielonym guzikiem zakup biletu. (*Accept the purchase of the ticket by pressing the green button.*)
>
> **(4)** _____ (pobrać) bilet i **(5)** _____ (umieścić) go w pojeździe za przednią szybą w miejscu dobrze widocznym. (*Take your ticket and place in your vehicle behind the windscreen in a visible place.*)

K Translate the titles of these Polish pop songs into English. Underline the imperatives. Then separate the imperatives into the table.

1 Chodź, pomaluj mój świat (by 2 + 1) _____
2 Nie dokazuj (by Marek Grechuta) _____
3 Niech całują cię moje oczy (by Stanisław Soyka) _____
4 Nie płacz Ewka (by Perfect) _____
5 Podaruj mi trochę słońca (by Ewa Bem) _____

Telling others what to do	Telling other what NOT to do

📖 Reading

L Read the text and answer the question in Polish.

Co mówi mama do Adasia?

Eryk i Grażyna idą na spacer Plantami w centrum Krakowa. Mały chłopiec jedzie szybko na rowerze alejką. Nagle traci równowagę i uderza w Eryka. Mama chłopca jest przerażona nieuwagą synka.

Adasiu! – woła – Uważaj! Nie wpadaj na ludzi! Przeproś pana!

Adaś podnosi rower i mówi do Eryka – Bardzo pana przepraszam. Uderzyłem niechcący. Proszę się nie gniewać.

Eryk odpowiada z uśmiechem – Nic się nie stało. Potłukłeś się?

– Nie, nie bardzo – odpowiada Adaś.

– To dobrze – mówi Eryk – ale teraz jedź ostrożnie!

– Dobrze. Do widzenia – woła Adaś i odjeżdża szybko rowerem.

M Now read the rest of the text and answer the questions.

Eryk i Grażyna idą dalej. Robi się ciemno i na ulicy jest coraz mniej ludzi. Przechodzą obok ciemnej bramy kiedy nagle słyszą odgłosy szamotaniny.

Chłopięcy głos woła – Oddaj mi telefon! Nie zabieraj mi pieniędzy!

Męski głos mówi – Cicho bądź bo oberwiesz.

Chłopięcy głos – Nie rób mi krzywdy!

Drugi męski głos – Słuchaj! Ktoś idzie. Zwiewamy!

Eryk i Grażyna podchodzą do chłopca.

– Co się stało? – pyta Eryk.

– Złodzieje zabrali mi telefon i pieniądze.

Eryk rusza za mężczyznami – Stój! – krzyczy, ale na ulicy nie ma już nikogo.

Zadzwoń po policję – mówi Eryk.

Chyba nie warto – mówi chłopiec.

V		
robić się ciemno	*to get dark*	
szamotanina	*scuffle*	
oberwać	(collq.) *get a beating*	

1 Co Grażyna i Eryk słyszą obok bramy? _____
2 Co złodzieje chcą zabrać chłopcu? _____
3 Co sugeruje Eryk? _____
4 Czy chłopiec posłucha rady Eryka? _____

Writing

N Write a short guide for students of Polish on how to learn more effectively. Make a list of Dos and Don'ts. Use the words from the box.

ucz się	zapisuj	zapamiętaj	znajdź czas	rób notatki	pamiętaj	pisz
znajdź miejsce	kup	odwiedzaj	rozmawiaj	słuchaj	czytaj	

_____

_____

_____

_____

_____

_____

_____

_____

 Follow your own advice. Remember that learning is a two-stage process – learning and re-enforcing what we have learned. The trick is to engage as many parts of your brain as possible in the process. Make time to learn, find a space to learn, make notes, add drawings to your notes, do as much research as you can, turn exercises into games. Try to listen to Polish as much as possible (the Internet is a fantastic resource). If at all possible, engage Poles in conversation, no matter how simple. If you don't meet any Poles, visualize imaginary conversations; close your eyes and imagine yourself speaking Polish, fluently and confidently. Repeat Polish words until you can say them fluently: then repeat the process with phrases. Finally learn longer pieces of text by heart. It may sound old fashioned, but it is a tried and tested method of gaining fluency in speaking and general knowledge of the language.

Self-check

Tick the box that matches your level of confidence.

    1 = very confident;   2 = need more practice;   3 = need a lot of practice

Zaznacz opcję, która najbardziej odpowiada twojemu poziomowi.

    1 = pewny siebie /   2 = potrzebuję więcej   3 = potrzebuję dużo
       pewna siebie;   praktyki;   praktyki

	1	2	3
Can form the imperative forms of imperfective and perfective verbs.			
Can recognize the difference between formal and informal imperatives.			
Can understand a narrative about advice and commands. (CEFR B1).			
Can write a guide giving advice to learners of Polish. (CEFR B2).			

9 Gdybyś kochał mnie choć trochę...

If you loved me a little bit ...

In this unit you will learn how to:

● Form the conditional in Polish.

● Describe actions which may or may not happen.

● Use conjunctions in Polish.

CEFR: Can describe intentions and travel plans – real or hypothetical (CEFR B2); Can read and understand a text about travel plans (CEFR B1).

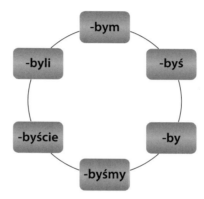

 A **Look at the sentences. Can you decipher what kind of mood is happening here (for example, a demand, a mild request, wishful thinking, real or unreal possibility)?**

1 Gdybyś kochał mnie, nie zrobiłbyś tego!

2 Poprosiłbym szefa o urlop, ale nie mam odwagi.

3 Czy mógłbym zjeść ciastko?

4 Przestałbyś hałasować!

Meaning and usage

Using the conditional

1 When you want to talk about wishful thinking, when you formulate a hypothesis or when you want to express demands or threats (*do it or else ...*), you use the conditional. In Polish it's called **tryb warunkowy** (**warunek** – *condition*). For example:

pod warunkiem (*on condition*)

Możesz iść do kina pod warunkiem, że wrócisz do dziewiątej. (*You can go to the cinema on condition you will be back by nine.*)

2   Just like in English we can distinguish three uses of the conditional in Polish:

The first conditional

<u>Jeśli będę miała</u> pieniądze, to <u>pojadę</u> do Włoch. (*If I have the money, I'll go to Italy.*)

With the first conditional, we talk about the future and the verbs in both clauses are in the future tense (in English the future tense cannot be used after *if*).

But just like in English, the first conditional refers to future conditions which are real possibilities.

The second conditional

<u>Gdybym miała</u> pieniądze, <u>pojechałabym</u> do Włoch. (*If I had the money, I would go to Italy.*)

The second conditional refers to speculating about future conditions which might be possible to meet. These possible conditions may or may not happen in the future.

The third conditional

<u>Gdybym miała</u> pieniądze, <u>pojechałabym</u> do Włoch. (*If I had had the money, I would have gone to Italy.*)

The third conditional refers to the past and hypothesizes about what might have been possible if certain conditions were met. However, it is too late now and the condition will not be met.

The conditional is also used to express wishes and requests, but also to express mild commands or annoyance.

*In Polish the meaning of the conditional is as much about the grammatical structure as it is about voice intonation. This is a challenging but essential aspect of learning any language. Thankfully, the Internet is a rich source of listening material – you can listen to Polish Internet radio, watch documentaries, video clips of songs and stand up comedy, listen to Polish poetry and watch clips of **Teatr Telewizji** (TV theatre) performances. Some Polish Internet news portals have a short video commentary embedded, which is also a great source of short listening comprehension.*

Chciałbym zwiedzić Warszawę. (*I would like to visit Warsaw.*) [wish]

Zjadłabym ciastko. (*I'd eat a cake.*) [wish]

Zrobiłbyś mi zakupy. (*Do some shopping for me, would you?*) [demand]

A nie zrobiłabyś sobie zakupów sama? (*Couldn't you do your shopping yourself?*) [annoyance]

Czy mógłbyś zamknąć okno? (*Could you close the window please?*) [request]

How to form the conditional in Polish

1   In Polish the conditional can be formed from imperfective as well as perfective verbs. The conditional mood is formed from the 3rd person singular of the past tense (forms ending in **-ł, -ła, -ło, -li, -ły**), and combined with the appropriate form of the suffix **-by (-bym**, **-byś**, **-by**, **-byśmy**, **-byście**, **-by).**

Person	Singular	Plural
1st	-bym	-byśmy
2nd	-byś	-byście
3rd	-by	-by

kupić (*to buy*)			
Singular person	Masculine	Feminine	Neuter
1st	kupił+bym	kupiła+bym	-
2nd	kupił+byś	kupiła+byś	-
3rd	kupił+by	kupiła+by	kupiło+by
Plural person	Virile	Non-virile	
1st	kupili+byśmy	kupiły+byśmy	-
2nd	kupili+byście	kupiły+byście	-
3rd	kupili+by	kupiły+by	-

2   Look at further examples of how the conditional is used. Notice the verb forms in brackets to illustrate the transition of the verb forms from the infinitive, through the past form, to the conditional.

Requests/demands

(**móc/mógł/mógłbyś**)

Czy <u>mógłbyś</u> zaczekać chwilę? (*Could you wait a moment?*)

(**dać/dał/dałbyś**)

<u>Dałbyś</u> mi wreszcie święty spokój! (*Would you give me some peace!*)

Wishes

(**chcieć/chciał/chciałbym**)

<u>Chciałbym</u> pojechać do Krakowa. (*I would like to go to Krakow.*)

(**chcieć/chcieli/chcielibyśmy**)

<u>Chcielibyśmy</u> zobaczyć „Damę z łasiczką" Leonarda da Vinci. (*We would like to see the 'The Lady with Ermine' by Leonardo da Vinci.*)

(**chcieć/chciał/chciałby**)

Edward <u>chciałby</u> nauczyć się polskiego. (*Edward would like to learn Polish.*)

(**zjeść/zjadł/zjadłby**)

<u>Zjadłabym</u> lody. (*I would eat some ice cream.*)

(**napić się / napił się / napiłby się**)

Napiłbym się piwa. (*I would drink a beer.*)

Mild commands (more polite than using imperative)

(**usiąść/usiadł/usiadłbyś**)

Usiadłbyś na chwilę! (*Why don't you sit down for a minute.*)

(**przestać/przestał/przestałbyś**)

Przestałbyś leniuchować! (*Why don't you stop lounging around!*)

Hypothetical condition

Gdybyś kupił mąkę, upiekłabym ciasto.

(*If you bought some flour, I would bake a cake.*)

OR

(*If you had bought some flour, I would have baked a cake.*)

In the conditional mood, the conjunctions **jeśliby**, **jeżeliby**, **gdyby** and **jakby** are frequently used and are followed by a verb in the past tense (and not in conditional).

 'What if …' is a common theme on social networks – perhaps you can try to imagine writing to an old friend about what could have happened if you had not been separated.

Gdybyś widział się z nim, to pozdrów go ode mnie. (*If you saw him, give him my regards.*)

Jeśliby padał deszcz, to zostaniemy w domu. (*If it rains, we will stay at home.*)

B   Complete the table with the missing conditional forms.

Infinitive	Conditional				
	Singular			Plural	
	Masculine	Feminine	Neuter	Virile	Non-virile
wybrać (się)	wybrałbym	wybrałabym	—	wybralibyśmy	wybrałybyśmy
	wybrałbyś	wybrałabyś	—	wybralibyście	wybrałybyście
	wybrałby	wybrałaby	wybrałoby	wybraliby	wybrałyby
zaprosić	zaprosiłbym	zaprosiłabym	—	zaprosilibyśmy	zaprosiłybyśmy
	zaprosiłbyś	zaprosiłabyś	—	zaprosilibyście	_____
	zaprosiłby	zaprosiłaby	zaprosiłoby	zaprosiliby	_____
chcieć	chciałbym	chciałabym	_____	chcielibyśmy	_____
	_____	_____		_____	_____
	_____			_____	
pojechać	pojechałbym	pojechałabym	_____	_____	_____
	pojechałbyś	_____		_____	_____
	_____			pojechaliby	_____

rozmawiać	rozmawiałbym	_____	_____	_____	_____
		_____		_____	_____
	_____			_____	_____
pójść	poszedłbym	poszłabym	poszłoby	poszlibyśmy	poszłybyśmy
	poszedłbyś	poszłabyś		_____	_____
	poszedłby	poszłaby		_____	_____
zrobić	zrobiłbym	zrobiłabym			
	_____	_____		_____	_____
	_____	_____		_____	_____
	_____	_____		_____	_____
oglądać	oglądałbym	oglądałabyś		_____	_____
	_____	_____	_____	_____	_____
	_____	_____		_____	_____

 C Look at the examples of conditionals below. What happens to the ending -*by*?

Oni nie zapomnieliby – Oni by nie zapomnieli.

Pojechałbyś do Krakowa – Ty byś pojechał do Krakowa.

Co zrobiłbyś na moim miejscu? – Co ty byś zrobił na moim miejscu?

3 The interesting point about the conditional endings (-**bym**, -**byś**, -**by**, -**byśmy**, -**byście**) is that they can be detached from the verb and placed directly after the personal pronoun. The reason for such a move is to emphasize the person who is doing the action. In other words, it's the person who is more important than the action.

D Rewrite these sentences. Detach the -*by* ending and move it to another, grammatically correct place.

Example: Obejrzałbym ten film. Ja *bym* **obejrzał ten film.**

    1   Zatrzymałbyś się w hotelu 'Saskim" w Krakowie. _____

    2   Ewa zagrałaby koncert Chopina w Łazienkach w niedzielę. _____

    3   Przyjechalibyśmy w sobotę. _____

    4   Poszlibyście na spacer do parku. _____

    5   One porozmawiałyby o trudnej sytuacji finansowej. _____

4 Conditional sentences often require a subordinate clause – a part of the sentence which begins with a subordinate conjunction (e.g. *after*, *although*, *unless*, *providing that*, *on condition that*, *suppose*, *as long as*, *otherwise*, etc.) and contains a subject and a verb. Remember that a subordinate clause cannot stand alone as a sentence because it is not complete.

If I don't go to the cinema is a
subordinate clause. It contains a
subject (I) and a verb (go), but it does
not form a full sentence because the
thought is not complete. It leaves
you wondering what happens
next. The same is true for the Polish
translation, **Jeśli nie pójdę do kina**.

 *We use subordinate clauses all the time in
everyday language. Try to notice them in
English in speech, in newspaper and magazine
articles, in blogs and emails as well as in
advertisements. The more aware you are
of them in English, the easier it will be to
recognize and form them in Polish.*

E   Translate the following into Polish.

1   Could you close the window please? (to a man) _____

2   Could you close the window please? (to a woman) _____

3   Could you stop smoking in the house? (to a man) _____

4   Could you stop smoking in the house? (to a woman) _____

5   I'd eat a cake. (spoken by a man) _____

6   I'd eat a cake. (spoken by a woman) _____

7   If I have time, I'll go to the cinema. (spoken by a woman) _____

8   If I have time, I'll do it. (spoken by a man) _____

9   If you buy a dog, you'll have a problem. (to a man) _____

10 I'd like to book a table for six o'clock. (spoken by a man) _____

Polish conjunctions

1   Conjunctions are words used to connect clauses or sentences, for example: *and, but, since, yet,
    because, if*. In Polish, the word for a conjunction is **spójnik**. Here are some examples of Polish
    conjunctions:

i (*and*)   **czy** (*if/whether*)   **jeśli** (*if*)   **ponieważ** (*because*)   **ale** (*but*)

Jeśliby and **gdyby** are the most common conjunctions used with the conditional.

F   Complete the sentences with the correct conjunction.

1   Powiedz mi, (**gdybym/gdybyście/gdybyś**) _____ chciał zobaczyć Kraków.

2   Dobrze by było, (**gdybyś/gdybyście/gdyby**) _____ mogli przyjść trochę wcześniej.

3   Nie uwierzyłbym ci (**gdyby/gdybyśmy/gdybyś**) _____ nie pokazał mi fotografii.

4   Nie znałabym tej piosenki (**gdybyśmy/gdybyście/gdybyś**) _____ nie pożyczyli mi płyty.

G   Complete the sentences with the subordinate clauses in the box.

> **Gdybym się spóźnił Gdybym wiedziała, że czekasz na mnie Gdybyś kupił ser i
> pomidory Jeśli nie będzie pociągu Gdybym miała dużo pieniędzy Jeśliby spadł śnieg**

1   _____, zrobiłabym pizzę.

2   _____, pojechałbym w podróż dookoła świata.

3   _____, pojeździlibyśmy na nartach.

4   _____, to nie czekaj na mnie.

5   _____, to pojadę autobusem.

6   _____, to zadzwoniłbym do ciebie.

H Put the verbs in brackets in the correct conditional form. Personal pronouns are given for clarification.

1 (Pojechać)_____ na wakacje, gdybym miał trochę pieniędzy.
2 [ja] [female] (Chcieć)_____ umieć dobrze gotować.
3 Gdybyśmy się (spóźnić)_____, to nie czekajcie na nas.
4 Mały chłopiec ciągle (chcieć)_____ jeździć na karuzeli.
5 Gdybyś (mieć)_____ dobrą pracę, (zaoszczędzić)_____ trochę pieniędzy.

Vocabulary

Making travel plans

When talking about intentions and plans relating to travelling and visiting places, you can use the following words and phrases:

Verbs	Nouns	Adjectives
pojechać do (*to go to*)	muzeum (*museum*)	interesujący (*interesting*)
zobaczyć (*to see*)	galeria (*gallery*)	fascynujący (*fascinating*)
zwiedzić (*to (sight)see / to explore / to tour*)	zabytek (*plural* zabytki) (*monument / listed building / historical treasure*)	fantastyczny (*fantastic*)
odwiedzić (*to visit*)	miejsce (*place*)	starożytny (*ancient*)
wybrać się do/w (*to set off to/onto*)	posiadłość (*estate*)	renesansowy (*renaissance*)
obserwować (*imperf.*) (*to observe*)	pomnik (*monument/statue*)	barokowy (*baroque*)
poobserwować (*imperf.*)(*to observe*)	rezerwat przyrody (*nature reserve*)	romantyczny (*romantic*)
oglądać (*imperf.*) (*to watch*)	park narodowy (*national park*)	klasycystyczny (*classical*)
pooglądać (*imperf.*) (*to watch*)	pałac (*palace / country house*)	współczesny (*current/modern*)
pójść do (*to go to*)	zamek (*castle*)	nowoczesny (*modern*)
fotografować (*to photograph*)	ruina (*plural* ruiny) (*ruin/ruins*)	
robić zdjęcia (*to take photos*)	przewodnik (*guide/guidebook*)	
	mapa (*map*)	
	plan (*plan*)	
	zdjęcie (*plural* zdjęcia) – (*photo*)	
	fotografia (*photograph*)	
	wakacje/urlop (*holidays*)	

I   **Match the verbs with appropriate nouns.**

1	robić	**a**	muzeum
2	odwiedzać	**b**	gwiazdy
3	obserwować	**c**	Krakowa
4	zwiedzać	**d**	Nowy Jork
5	wybrać się do	**e**	zdjęcia

Reading

J   **Read the text and answer this question in Polish.**

Gdzie Marcin i Staszek wybierają się?

królestwo	*kingdom*
zgiełk	*hustle and bustle*
wilki *(singular* **wilk)**	*wolves*
niedźwiedzie *(singular* **niedźwiedź)**	*bears*
rysie *(singular* **ryś)**	*lynxes*

Marcin i Staszek wybierają się w Bieszczady. To piękny region położony w południowo-wschodniej Polsce. Z dala od cywilizacji i zgiełku wielkich miast. Wśród starych, bogatych w ropę gór, roztacza się królestwo wilków, niedźwiedzi i rysi. Ale Marcin i Staszek nie jadą obserwować dzikie zwierzęta. Jadą obserwować gwiazdy. Czeka ich kilka fantastycznych dni w Parku Gwiezdnego Nieba.

K   **Now read the rest of the text and answer the questions.**

Przyjaciel Staszka, Rafał, jest astronomem i przewodnikiem w Parku Ciemnego Nieba w Bieszczadach. Zaprosił Marcina i Staszka na kilka dni do Parku.

Marcin jest zachwycony zaproszeniem.

- Chętnie pojechałbym w Bieszczady – mówi Marcin – Poobserwowałbym gwiazdy i planety. Chciałbym zobaczyć konstelacje i galaktyki. Chciałbym posłuchać przewodnika.

- To może wybralibyśmy się w przyszłym tygodniu. Zatrzymalibyśmy się u Rafała.

- Dobrze. Z przyjemnością.

Staszek rozmawia z Rafałem o wizycie.

- Jeślibyście przyjechali po południu, poszlibyśmy razem na obiad przed pokazem – proponuje Rafał – Chciałbym wam pokazać okolicę. To bardzo piękne miejsce. A po pokazie w nocy może zrobilibyście sobie zdjęcie z Drogą Mleczną w tle.

- A co będziemy robili jeśli będzie padał deszcz? – pyta Marcin.

- W Parku jest mnóstwo ciekawych rzeczy do robienia – mówi Rafał – będziemy oglądali pokaz nieba w przenośnym planetarium. To będzie nauka orientacji na niebie i obserwowania ciekawych zjawisk astronomicznych.

- Fantastycznie – mówi Staszek – Przyjedziemy około południa.

- Dobrze. Do zobaczenia – mówi Rafał.

1. Kim jest Rafał? (hint – profession)_____
2. Czy Marcin chciałby pojechać w Bieszczady?_____
3. Co Marcin chciałby poobserwować?_____
4. Kiedy Staszek chciałby przyjechać w Bieszczady?_____
5. Co można zrobić po pokazie?_____
6. Co będzie można robić jeśli będzie padał deszcz?_____

> *Apart from 'collecting' words with grammatical explanations and examples, you can also collect word families. For example, referring to the text, you can build the family of words (nouns, verbs, adjectives, etc.) related to astronomy and sky watching:*
>
> **astronomia, astronom, astronomiczny**
>
> **planeta/planety**   **gwiazda/gwiazdy**
>
> **konstelacja/konstelacje**   **galaktyka/galaktyki**
>
> **księżyc, Ziemia, Słońce, układ słoneczny, Droga Mleczna, teleskop, planetarium, niebo, meteory,** *etc.*

L Complete the sentences by choosing the appropriate word forms.

1. Marzę o (podróży/podróż) do Australii.
2. Co warto (zwiedzić / zrobić zdjęcia) w Krakowie?
3. Pojechałbym na safari i (obserwowałbym/obserwowalibyśmy) dzikie zwierzęta.
4. Czy ty (fotografowałabyś/fotografowałoby) wieżę Eiffla w Paryżu?
5. Jakie miejsca chciałabyś (odwiedzić/zobaczyć) w Polsce?

M Change the sentences from being spoken by the 1st person to the 3rd person (singular and plural, as appropriate).

Example: Przyjechałbym *do was gdybym mógł*. **Przyjechałby do was gdyby mógł.**

1. Przepłynąłbym Kanał Angielski gdybym umiał pływać._____
2. Obejrzałbym ten film gdybym miał czas._____
3. Pomógłbym mu gdyby mnie poprosił._____
4. Poszłabym na spacer gdyby nie padał deszcz._____
5. Poszlibyśmy na koncert gdyby bilety były tańsze._____

N Translate these sentences into Polish.

1. Magda would like to travel around the world. _____
2. Tomek would like to visit Bieszczady. _____
3. Rafał would like to show them the area. _____
4. If you arrive early, we could go out for dinner before the performance. _____
_____
5. Don't wait for me if I'm late. _____
6. I would love to observe the moon and the stars._____

Using the Internet, try to research any given subject (for example, astronomy and sky watching) in relation to Poland and print some photos and pictures on which you can place words and phrases. Pictures help you to visualize and visualizing helps you learn.

Writing

O   Write a short e mail to a friend who is going to visit you. Choose a destination you will visit together and describe what you would like to do. Offer some suggestions. (80–100 words)

_____

_____

_____

_____

_____

_____

_____

_____

Self-check

Tick the box that matches your level of confidence.

1 = very confident;   2 = need more practice;   3 = need a lot of practice

Zaznacz opcję, która najbardziej odpowiada twojemu poziomowi.

1 = pewny siebie /   2 = potrzebuję więcej   3 = potrzebuję dużo
     pewna siebie;   praktyki;   praktyki

	1	2	3
Can form the conditional in Polish.			
Can talk about actions which may or may not happen.			
Can use conjunctions in Polish.			
Can describe intentions and travel plans – real or hypothetical. (CEFR B2).			
Can read and understand a text about travel plans. (CEFR B1).			

10 Bezcenny skarb odkryty na dnie Wisły

Priceless treasure found at the bottom of the Vistula

In this unit you will learn how to:

- Use scientific terms derived from Greek and Latin.
- Use the active, passive and reflexive voice.
- Use transitive and intransitive verbs in Polish.

CEFR: Can understand a text about a topic related to general science and culture (CEFR B1); Can write a blog post about an important discovery (CEFR B2).

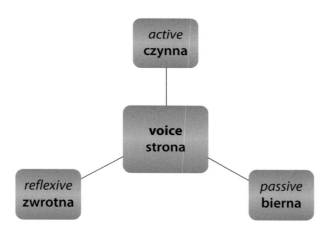

Meaning and usage

Active, passive and reflexive voice

1   You might think that when we talk about 'voice', we are talking about something musical in nature. But the term *voice*, or in Polish **strona**, refers to the relationship between the roles of the verb and the subject in a sentence.

In Polish there are three voices – **strony**: **czynna** (*active*), **bierna** (*passive*) and **zwrotna** (*reflexive*).

So herein lies the question – is the verb active, passive or reflexive? Is the action being performed *by* or *to* the subject?

Active voice (*strona czynna*)

A Look at the example. Choose the best description.

<u>Uczę języka polskiego</u> w szkole.

1 The subject performs the action on the object.
2 The action is performed on the subject.
3 The subject performs the action on himself/herself.

In the above example, the subject performs the action. This is the active voice, or **strona czynna**.

Strona czynna, the active voice, is the most common of all three. Every verb describes an action, which is performed by a subject.

Czytam książkę. (*I'm reading a book.*) [I perform the action of reading.]

Gotuję obiad. (*I'm cooking dinner.*) [I perform the action of cooking.]

Tom ogląda film. (*Tom is watching a film.*) [Tom is performing the action of watching.]

Passive voice (*strona bierna*)

B Look at the example. Choose the best description.

<u>Język polski jest uczony</u> w szkole.

1 The subject performs the action on the object.
2 The action is performed on the subject.
3 The subject performs the action on himself/herself.

1 **Strona bierna**, the passive voice, is less common in Polish than it is in English. It is used to emphasize the action in a sentence rather than who performs it.

In the passive voice the subject *receives* the action. It is who the action is being done to.

2 In Polish the passive voice is used in more formal language, more often in written rather than spoken language, for example in official documents. Only transitive verbs can be used to form the passive voice, and not all Polish verbs are transitive.

Reflexive voice (*strona zwrotna*)

C Look at the example. Choose the best description.

<u>Uczę się</u> języka polskiego.

1 The subject performs the action on the object.
2 The action is performed on the subject.
3 The subject performs the action on/to himself/herself.

1 In the reflexive voice (**strona zwrotna**), the subject performs the action on himself/herself. The reflexive voice is often used when describing routines.

Rano myję się / golę się / modlę się. (*In the morning I wash myself / shave / pray.*)

2 Similar to the passive voice, the reflexive voice is also used to describe a process, for example when providing a recipe.

Kurczaka smaży się na tłuszczu. (*Chicken is fried in fat.*)

Ziemniaki obiera się i kroi się. (*Potatoes are peeled and cut.*)

 D Look at the sentences. Identify which voice they use: *czynna, bierna* **or** *zwrotna?*

1 W Polsce produkuje się piękne wyroby z bursztynu. _____

2 Ściany pomalowano na niebiesko a sufit na biało. _____

3 Andrzej czyta książkę. _____

4 Książka jest pożyczona z biblioteki. _____

5 Muzyka Mozarta jest często wykonywana w Warszawie. _____

6 Krystian Zimerman pięknie gra muzykę Chopina. _____

How to form the passive

1 The passive voice can only be created from transitive verbs (note that reflexive verbs cannot be transitive).

Transitive verbs are those used with a direct object in the accusative, genitive or instrumental case and whose object can be transformed into the subject.

aresztować (*to arrest*)

Policja <u>aresztowała</u> złodzieja. (*Police arrested a thief.*)

Złodziej <u>był aresztowany</u> przez policję. (*A thief was arrested by police.*)

ugotować (*to cook*)

Ewa <u>ugotowała</u> obiad. (*Ewa cooked the dinner.*) (active)

Obiad <u>był ugotowany</u> przez Ewę. (*The dinner was cooked by Ewa.*) (passive)

Both imperfective and perfective verbs can be transitive.

2 To create the passive voice you need:

Verb **być** or **zostać** + the <u>passive participle</u> of a transitive verb

Być (*to be*) is used with imperfective verbs and it's often translated as *being done*.

Zostać (*to become*) is used with perfective verbs and it's often translated as *was done*.

Katedra <u>była budowana</u> przez ponad sto lat. (*The cathedral <u>was being built</u> for over a hundred years.*)

Katedra <u>została zbudowana</u> w czternastym wieku. (*The cathedral <u>was built</u> in the 14th century.*)

E Look at the selection of verbs. Classify the verbs which would be used with *być* and which with *zostać*.

1 czytać   być/zostać
2 myć   być/zostać
3 oglądać   być/zostać
4 przeczytać   być/zostać
5 badać   być/zostać
6 fotografować   być/zostać
7 znaleźć   być/zostać
8 obejrzeć   być/zostać

3 In order to form a passive participle, we usually need three steps:
   1 drop the final letter(s)
   2 add a suffix
   3 add an appropriate adjectival ending (**-y**, **-a**, **-e**, **-i**).

   Which suffix you add will depend on the ending of the infinitive.

   Look at the examples:

	Infinitive	Letter dropped	Suffix added	Adjectival ending added	English
ending in -ać	znać (*to know*)	zna-	-n-	znan-y znan-a znan-e znan-i	*known*
ending in -eć	widzieć (*to see*)	widzie-	-n- (also shift from e to a)	widzian-y widzian-a widzian-e widzian-i	*seen*
ending in -ić/ yć, -ść/źć, -c	zmęczyć (*to make tired*)	zmęczy-	-on-	zmęczon-y zmęczon-a zmęczon-e zmęczen-i (shift from o to e)	*tired*
	zacząć (*to start/begin*)	zacz-	-ęt-	zaczęt-y zaczęt-a zaczęt-e zaczęc-i (shift from t to c)	*started*

Look out for transitive verbs when checking words in a dictionary. They are usually marked with 'trans'. If you are using cards to 'collect' your verbs, it may be a good idea to mark transitive verbs with a different colour. This will clarify which verbs can be used in the passive voice and which cannot.

F Complete the sentences by choosing the appropriate verb forms.

Wypadek na A2.

Wczoraj wieczorem na trasie A2 w okolicach Konina zdarzył się poważny wypadek. Okoliczności **są** (1) (**badane/badany**) przez policję. Miejsce wypadku **zostało** (2) (**zabezpieczony/zabezpieczone**) i dokładnie (3) (**zbadana/zbadane**) przez funkcjonariuszy. Wraki rozbitych samochodów **zostały** (4) (**sfotografowany/ sfotografowane**) przez techników kryminalistyki. Ofiary **zostały** (5) (**przewiezieni/ przewiezione**) do szpitala w Koninie. Są w stanie ciężkim. Według informacji Policji, droga zostanie (6) (**otwarte/otwarta**) około godziny 20:00.

G Translate these sentences into English. Identify what larger subject group all the reflexive verbs belong to. Are they related to movement, emotion or something else?

1 Ewa **boi się** ciemności. _____

2 Dzieci **bawią się** w „chowanego" (*hide and seek*). _____

3 **Cieszę się**, że przyjedziesz na Święta. _____

4 Nie **denerwuj się!** _____

5 Nie **dziwię się**, że ona ma problemy. _____

6 Głowa do góry! **Nie martw się!** _____

7 Mamo! **Nudzi mi się!** _____

8 Adam nigdy nie **przejmował się** tym, co nim mówiono. _____

9 **Wstydzę się** za twoje niekulturalne zachowanie. _____

10 Koncert był wspaniały; świetnie **się bawiliśmy.** _____

H Complete the table. Change the verbs from active to passive.

Example:	
aresztować złodzieja (*to arrest a thief*)	złodziej aresztowany (*a thief arrested*)
znaleźć skarb (*to find a treasure*)	**1** skarb _____ (*a treasure found*)
zaprosić gościa (*to invite a guest*)	**2** gość _____ (*a guest invited*)
czytać książkę (*to read a book*)	**3** książka _____ (*a book read*)
pisać mail (*to write an email*)	**4** mail (masculine) _____ (*an email written*)

oglądać film (*to watch a film*)	**5** film _____ (*a film watched*)
upiec ciasto (*to bake a cake*)	**6** ciasto _____ (*a cake baked*)
zrobić zakupy (*to do shopping*)	**7** zakupy _____ (*shopping done*)
ugotować obiad (*to cook dinner*)	**8** obiad _____ (*a dinner cooked*)

I   Read the headlines and translate into English.

> **1** Kraj jest rządzony przez skorumpowany rząd!_____
> **2** Aktywiści opozycji są aresztowani przez policję!_____
> **3** Groźny przestępca wypuszczony na wolność przez pomyłkę!_____
> **4** Niebezpieczny ładunek znaleziony na dworcu!_____

Vocabulary

Scientific terms borrowed from Greek and Latin

A lot of nouns referring to science and art may look and sound familiar in Polish. It's because they have been borrowed from Greek or Latin – this is also true for other languages like English.

J   Work out what these Polish words are in English. They are borrowed from Greek and Latin.

1   matematyka _____
2   muzyka _____
3   literatura _____
4   architektura _____

Words which end in *-logia* (in English *-logy*)

biologia (*biology*)

fizjologia (*physiology*)

psychologia (*psychology*)

Words which end in *-yka* (in English *-ics*)

genetyka (*genetics*)

fizyka (*physics*)

Words which end in *-ura* (in English *-ure*)

literatura (*literature*)

uwertura (*overture*)

K   Work out what the English translation of the Polish terms *kryminologia* and *kryminalistyka* are. Try to identify what the difference is between them.

L Match the definitions with the scientific term.

1 archeologia
2 biologia
3 gramatyka
4 genetyka

a Nauka przyrodnicza zajmująca się badaniem życia i organizmów żywych.
b Zbiór reguł opisujących system języka.
c Nauka o dziedziczności oparta na informacji zawartej w genach.
d Nauka, której celem jest odtworzenie społeczno-kulturowej przeszłości człowieka na podstawie źródeł archeologicznych znajdujących się w ziemi, na ziemi i w wodzie.

M Find your way around a hospital. Where would you go for these treatments? Choose from the box.

stomatologia	kardiologia	diabetologia	hematologia	chirurgia

1 blood treatment _____
2 heart treatment _____
3 diabetes treatment _____
4 dental treatment _____
5 surgical treatment _____

N Find your way around a university. Which department would you need to go to if you wanted to study the following? Choose from the box.

polonistyka	anglistyka	politologia	psychologia	fizyka jądrowa	pedagogika

1 the theory and practice of education _____
2 psychology _____
3 Polish language and culture _____
4 nuclear physics _____
5 English language and culture _____
6 politics _____

📖 Reading

O Read the first part of the text and answer the questions in Polish.

1 Kim jest Adam i jaki jest jego zawód?_____
2 Co spowodowało spadek wody w rzece?_____
3 Co susza odsłoniła?_____

Adam jest archeologiem. Prowadzi badania nad Wisłą w Warszawie. Wyjątkowa susza obniżyła poziom wody i odsłoniła cenne artefakty – rzeźby, fragmenty sztukaterii, marmurowe elementy architektoniczne. Ich historia jest fascynująca.

P   Now read the rest of the interview with Adam and answer the questions.

Adam opowiada o pracach archeologicznych nad Wisłą.

- Prace zaczęły się latem ubiegłego roku, kiedy poziom wody bardzo się obniżył. Najpierw nurkowie zbadali dno Wisły. Potem teren został osuszony. Znalezione rzeczy zostały oznaczone, zbadane, zabezpieczone, a potem sfotografowane. Następnie cenne przedmioty zostały powoli wydobyte z wody.

- Czy prace prowadzone są przez cały rok? – pyta dziennikarz.

- Nie, prace były przerwane na zimę.

- Czy teren został zabezpieczony? – pyta dziennikarz.

-Tak, oczywiście, ale obawialiśmy się, że deszcze mogą podnieść poziom wody i cały teren będzie zalany.

- Dlaczego te artefakty znalazły się pod wodą? – pyta dziennikarz.

- Wszystkie skarby pochodzą z Pałacu Kazimierzowskiego w Warszawie. Zostały zrabowane przez Szwedów w czasie Potopu szwedzkiego i załadowane na barki, żeby Wisłą przetransportować je do Gdańska, a potem przez Bałtyk do Szwecji. Jedna z barek została uszkodzona i z całym ładunkiem zatonęła.

- Czy znaleziono jakieś inne interesujące przedmioty w rzece?

- Szkielet mamuta i wraki starych barek.

nurkowie	*divers*
oznaczone	*marked*
barki	(singular **barka**) *barges*
zalany	*flooded*
zrabowany	*plundered*
Potop szwedzki	*the Deluge* (this term denotes the Swedish invasion and occupation of the Polish-Lithuanian Commonwealth from 1655 to 1660)

1 Kiedy zaczęły się prace archeologiczne?_____

2 Kto najpierw zbadał dno Wisły?_____

3 Co zrobiono ze znalezionymi rzeczami?_____

4 Jakie cenne przedmioty znaleziono w rzece?_____

5 Jakie inne interesujące przedmioty znaleziono?_____

6 Czy przedmioty zaginęły w czasie Potopu czy w czasie II wojny światowej?_____

Q **Circle all the verbs in the passive voice in the text.**

R **Underline all the reflexive verbs in the text.**

S **Match the verbs with the nouns. Read the text again if necessary.**

Szkielet mamuta	Teren	Skarby	Marmurowa kolumna

1 _____ zabezpieczony

2 _____ sfotografowana

3 _____ przetransportowane

4 _____ znaleziony

T **Link the four parts from Activity S in two sentences using *najpierw* and *potem* in order to create a logical sequence.**

_____

_____

✎ Writing

U **Write a short blog post about an important archeological discovery (80–100 words). You can use the Reading text for inspiration.**

You can include:

► what was found
► when it was found
► the description of what was found
► the importance of the discovery.

_____

_____

_____

_____

_____

_____

_____

_____

Self-check

Tick the box that matches your level of confidence.

1 = very confident;   2 = need more practice;   3 = need a lot of practice

Zaznacz opcję, która najbardziej odpowiada twojemu poziomowi.

1 = pewny siebie /   2 = potrzebuję więcej   3 = potrzebuję dużo
  pewna siebie;   praktyki;   praktyki

	1	2	3
Can use scientific terms derived from Greek and Latin.			
Can form the active, passive and reflexive voice.			
Can use transitive and intransitive verbs in Polish.			
Can understand a text about a topic related to general science and culture. (CEFR B1).			
Can write a blog post about an important discovery. (CEFR B2).			

11 Prezydent powiedział, że …

The President said that …

In this unit you will learn how to:

- Use reported speech.
- Report on events in the past.

CEFR: Can understand a text where different points of view are presented (CEFR B2); Can express opinions and put forward counter-arguments (CEFR B2).

Policja ostrzega: Bądźmy bezpieczni na drodze!

Policja ostrzega kierowców, żeby byli bezpieczni na drodze.

 A Look at the newspaper headlines – what do the structure of each headline have in common?

Meaning and usage

Direct speech (*mowa niezależna*) vs. reported speech (*mowa zależna*)

1 We may not be fully aware of this but we use **reported speech** all the time. We read it in the press, hear it on the news and use it in everyday conversations.

Reported speech, also known as indirect speech (**mowa zależna**) is used when we 'report' on what we or somebody else said.

For example:

Karol: „**Henryku, czy jesteś zajęty?**" (*Henryk, are you busy?*) (Direct speech)

Karol <u>zapytał</u>, <u>czy</u> Henryk <u>jest</u> zajęty. (*Karol <u>asked if</u> Henryk <u>was</u> busy.*) (Reported speech)

Antek: „**Co chciałbyś robić dziś wieczorem?**" (*'What would you like to do tonight?'*) (Direct speech)

Antek pyta co chciałbym robić. (*Antek asks what I would like to do tonight.*) (Reported speech)

2 You would see direct speech in interviews.

An interview with the newly elected President of Poland:

> **Dziennikarz:**
> Panie Prezydencie, co chciałby pan zmienić w ciągu pierwszych 100 dni po wyborze?

> **Prezydent:**
> Chciałbym skupić się na polityce zagranicznej.

> *Journalist:*
> *Mr President, what would you like to change during the first 100 days after the elections?*

> *President:*
> *I'd like to focus on foreign affairs.*

However you would be more likely to see reported speech in articles:

> Zapytałem Prezydenta, co chciałby zmienić w ciągu pierwszych 100 dni po wyborach. Prezydent odpowiedział, że chciałby skupić się na polityce zagranicznej.
>
> *I asked the President what he would like to change during the first 100 days after the election. The President answered he would like to focus on foreign affairs.*

3 Here are some verbs often used in reported speech.

stwierdzić (*to state*) (*perf.*)

mówić (*to say*) (*imperf.*)

powiedzieć (*to say*) (*perf.*)

pytać (*to ask*) (*imperf.*)

zapytać (*to ask*) (*perf.*)

spytać (*to ask*) (perf.)

zaprzeczyć (*to deny*) (*perf.*)

B Highlight the sentences with reported speech in the article about a court case.

> Ruszył proces znanego celebryty.
>
> Wczoraj rozpoczął się proces znanego celebryty Mariusza K. oskarżonego o nieumyślne zabójstwo. Na wstępie, prokurator opisał zdarzenia, które doprowadziły do śmiertelnego wypadku. Stwierdził, że Mariusz K. pił alkohol zanim wsiadł do samochodu. Rano przed sądem przesłuchiwani byli świadkowie.
>
> Jeden z nich stwierdził, że Mariusz K. regularnie prowadził samochód po pijanemu.
>
> Sąd następnie przesłuchał innego świadka, który powiedział, że kierowca luksusowego BMW (Mariusz K.) nawet nie próbował hamować.

proces	*court trial*
nieumyślne zabójstwo	*manslaughter*
na wstępie	*as a way of introduction*
oskarżony	*accused*
prokurator	*prosecutor*
śmiertelny wypadek	*fatal accident*
świadek	*witness (n)*
przesłuchiwać > przesłuchać	*to interview/cross-examine*

How to form reported speech

1   When you compare Polish and English sentences in direct and reported speech, you immediately notice one substantial difference. In Polish, the sentence in reported speech preserves the original tense, despite using the past tense in the first part of the sentence.

Czy jesteś zajęty? (*Are you busy?*)

Karol <u>zapytał</u>, czy Henryk <u>jest</u> zajęty. (*Karol <u>asked</u> if Henryk <u>is</u> busy.*)

Here, the first verb is in the past, and the second verb is in the present. This is because the second verb was in the present tense in the direct speech.

In English using reported speech would automatically trigger a change of tense from present to past.

Karol <u>asked</u> if Henryk <u>was</u> busy.

In Polish there is no such change.

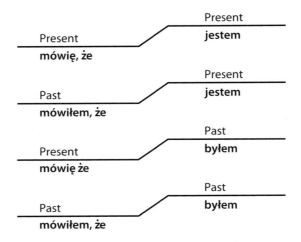

C   Complete the sentences with the correct verb form given in brackets.

1   Karol: „Czy jesteś głodny?"
    Karol zapytał czy (jestem/byłem) głodny.

2   Julka: „Czy byłaś wczoraj w Warszawie?"
    Julka zapytała czy (byłam jestem) wczoraj w Warszawie.

3   Dyrektor: „Musimy rozwiązać problem."
    Dyrektor powiedział , że (musieliśmy/musimy) rozwiązać problem.

4   Dziennikarz: „Jakie problemy stoją przed Europą?"
    Dziennikarz zapytał, jakie problemy (stały/stoją) przed Europą.

One of the best ways to become familiar with reported speech is to notice it in English. How often do you come across it while watching TV, listening to the radio or reading articles? Collect short press reports or easy interviews and try to translate them into Polish.

Using reported speech in questions and statements

Questions

1   Use **czy** with general *yes/no* questions.

    Czy idziesz na spacer? – pyta Adam. (*'Are you going for a walk?' asks Adam.*)

    Adam pyta czy idę na spacer. (*Adam asks if I am going for a walk.*)

2   With information questions (**co? kto? gdzie? kiedy?**, etc.), use the same questions in reported speech.

    Co robisz? – spytała mama. (*'What are you doing?' asked Mum.*)

Mama pyta <u>co</u> robię. (*Mum asked what I am doing.*)

<u>Kto</u> wygrał zawody? – zapytał Tom. (*'Who won the championship?' asked Tom.*)

Tom zapytał <u>kto</u> wygrał zawody. (*Tom asked who won the championship.*)

<u>Gdzie</u> jest bank? – zapytał turysta. (*'Where is the bank?' asked a tourist.*)

Turysta zapytał <u>gdzie</u> jest bank. (*A tourist asked where the bank is.*)

<u>Kiedy</u> są twoje urodziny? – zapytała Ania. (*'When is your birthday?' Ania asked.*)

Ania zapytała <u>kiedy</u> są moje urodziny. (*Ania asked when is my birthday.*)

Statements

1   Use **że, by** or **żeby** with statements.

Nie mam czasu – powiedział Zbyszek. (*'I haven't got time' said Zbyszek.*)

Zbyszek powiedział, <u>że</u> nie ma czasu. (*Zbyszek said he hasn't got time.*)

Proszę odrobić pracę domową – mówi nauczyciel. (*'Please do your homework' says the teacher.*)

Nauczyciel mówi, <u>żeby</u> odrobić pracę domową. (*The teacher says to do the homework.*)

D   **Complete the sentences with reported speech.**

Direct speech	Reported speech
Example:	
Co czytasz? – zapytał Tadek.	Tadek zapytał *co czytam.*
Kto jest na tym zdjęciu? – zapytała Magda.	**1** Magda zapytała _____ .
Kiedy pojedziesz na wakacje? – zapytał Wojtek.	**2** Wojtek zapytał _____ .
Gdzie mieszkasz? – zapytała Kasia.	**3** Kasia zapytała _____ .
Muszę już iść – powiedziałem.	**4** Powiedziałem, _____ .
Czy pamiętasz o urodzinach Mamy? – zapytała siostra.	**5** Siostra zapytała _____ .

E   **Change the sentences into reported speech. Notice what other words can be used to create sentences in reported speech.**

1   „Królowa Elżbieta II przyjeżdża do Polski" – podała prasa._____

2   „W pierwszych dniach po wygraniu mistrzostw świata panowała euforia" – wspomina Anita Włodarczyk._____

3   „Musi pan przestać palić" – zalecił lekarz._____

4   „Przyjdę do ciebie o szóstej" – zaproponował Rafał._____

5   „Jutro pójdziemy na długi spacer do parku" – obiecał tato._____

When practising reported or indirect speech it may be helpful to imagine or to draw the sentences in a form of two steps as there are two clauses linked by a conjunction. Each clause is like a flat step and the conjunction is a vertical part of the step. It's like walking up or down the stairs.

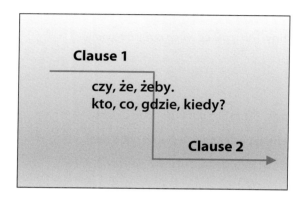

1 Rafał zaproponował,

że

2 przyjdzie o szóstej.

(*Rafał suggested that he will come at six.*)

1 Cyryl zapytał,

czy

2 możemy iść do kina.

(*Cyryl asked if we can go to the cinema.*)

1 Piotr powiedział,

żeby

2 nie parkować przed jego domem.

(*Piotr said not to park in front of his house.*)

F Complete the sentences by choosing the correct verb forms.

1 Marek powiedział, (czy/że) możemy pojechać w Bieszczady w przyszłym tygodniu.
2 Agnieszka zapytała (czy/że) może przyjść do nas na obiad.
3 Profesor Nowak potwierdził, (co/że) weźmie udział w spotkaniu.

Vocabulary

Vocabulary for arguments and discussions

1 When **discussing something** in Polish you may find the following words useful:

dyskusja (*discussion*)

polemika (*polemic*)

adwersarz (*adversary*)

argument (*argument / point of view*)

Wczoraj w Klubie "W Polityce" odbyła się dyskusja na temat roli Polski w Europie.

(*Yesterday at the Club 'In Politics' a discussion took place on the role of Poland in Europe.*)

Przedstawiono argumenty za i przeciw.

(*For and against arguments were presented.*)

2 To **express your opinion** you can use phrases such as:

moim zdaniem (*in my opinion*)

myślę, że (*I think that*)

uważam, że (*I think that / consider that*)

według mnie (*in my view [lit. according to me]*)

Moim zdaniem, życie rodzinne jest bardzo ważne. (*In my opinion family life is very important.*)

wprost przeciwnie (*on the contrary*)

A ja uważam, że wprost przeciwnie, rodzina nie jest najważniejsza.

(*And I think, on the contrary, family is not the most important.*)

z jednej strony (*on the one hand*)

z drugiej strony (*on the other hand*)

Z jednej strony chciałbym pracować i zarabiać pieniądze, ale z drugiej strony chciałbym pojechać na wakacje.

(*On the one hand I'd like to work and earn money, but on the other hand I'd like to go on holiday.*)

3 To **agree or disagree** with someone, we can say:

Profesor Tkaczyk ma rację. (*Prof. Tkaczyk is right.*)

Nie zgadzam się z Profesorem Tkaczykiem. (*I don't agree with Prof. Tkaczyk.*)

Całkowicie/zupełnie (nie) zgadzam się z Profesorem Tkaczykiem (*I absolutely/completely* [don't] *agree with Prof. Tkaczyk.*)

4 To **present a series of arguments**, we can say:

po pierwsze (*firstly*)

po drugie (*secondly*)

Po pierwsze, nie mam pieniędzy na taką ekstrawagancką podróż, a po drugie nie mam czasu.

(*Firstly, I haven't got money for such an extravagant trip, and secondly, I haven't got time.*)

5 To **show certainty**, we can say:

Nie ma wątpliwości, że ... (*There is no doubt that ...*)

Nie ma wątpliwości, że to bardzo ważna decyzja rządu.

(*There's no doubt that it's a very important decision by the government.*)

When practising vocabulary, why not try to follow one of the controversial stories currently in the media and try to form an opinion in Polish. Start with a simple I agree or I disagree followed by I completely agree / I absolutely disagree. Think of this as a stepping stone to more advanced discussion.

G   Translate the sentences into Polish.

1   Dad promised we will go for a walk tomorrow._____
2   I completely disagree._____
3   Ewa said she would like to come for dinner._____
4   Tadek suggested that we can go to a match together._____
5   I think she is wrong._____
6   Julek asked when we can see Marek._____
7   They asked who won the championship._____

Law and order

When talking about law and order it is useful to expand your vocabulary to words such as: **sprawiedliwość** (*justice*), **prawo** (*law*), **sąd** (*court*), **policja** (*police*), **organy ścigania** (*law enforcement agencies*), **przestępca** (*a criminal*), **przyznać się do winy** (*to plead guilty*) just to name a few.

H   Match the English definitions with the Polish words (use a dictionary if necessary).

1   an illegal action   **a** świadek
2   a written account of events   **b** proces
3   a person who gives an account of events **c** zeznanie
4   a highest ranking official in court   **d** sędzia
5   a court process   **e** przestępstwo

*Why not try arranging the new vocabulary into 'families' of words, for example – one family called **Policja** (Police) and another family called **Proces** (Trial). It is always a very good idea to use images to illustrate the context in which the new vocabulary is used. Find an image of goddess **Temida** (Themis) (the one holding the scales and a sword) and write: **sprawiedliwość** underneath; or draw a simple front of a classical looking building and write **Sąd Najwyższy** (High Court) underneath. Using the Internet, find images of Polish judges, barristers and police officers. Look at some Polish Internet newspapers under the heading **Kryminał** to read short news items about crime. Remember to expand the context in which words are used. For example, look for **Sąd Parysa**. What does it mean? Find out the story behind it. Think about other contexts in which the word **sąd** can be used.*

I   **Translate the titles into English.**

1   „Przesłuchanie"_____

2   „Zbrodnia i kara"_____

3   „Całe zdanie nieboszczyka"_____

4   „Napastnik"_____

5   „Sprawca i ofiara"_____

📖 Reading

J   **Read the first part of a conversation and answer the questions in Polish.**

1   Kto przesłuchiwał Zbyszka?_____

2   Czy Zbyszek wszystko pamięta?_____

Zbyszek złożył zeznanie na policji jako świadek napadu. Teraz opowiada Mariuszowi o przesłychaniu.

Mariusz: O co cię pytali na policji?

Zbyszek: Przesłuchiwał mnie Komisarz Potocki. Zapytał, czy pamiętam co się stało? Powiedziałem, że nie wszystko pamiętam. Wtedy zapytał, czy znam napastnika. Powiedziałem, że nie znam.

K   **Now read Zbyszek's email to his friends at work in the UK about his experiences in Poland and answer the questions.**

Od:	Zbyszek Kwiatkowski
Do	
Temat:	Zeznanie świadka

W ubiegłym tygodniu byłem na policji złożyć zeznanie w sprawie napadu, którego byłem świadkiem. Oficer policji zapytał mnie, czy pamiętam co widziałem i czy znam napastnika.Wczoraj odbył się proces. Najpierw przesłuchano oskarżonego. Nie przyznał się do winy. Twierdził, że to jakaś pomyłka i on nie ma z tą sprawą nic wspólnego. Zaprzeczył, żeby kiedykolwiek na kogoś napadał. Potem zeznawał policjant, który prowadził dochodzenie. Powiedział, że w trakcie dochodzenia znaleziono dowody kryminalistyczne – odciski palców i ślady DNA. Następnie przesłuchano świadka, który powiedział, że wezwał policję kiedy zobaczył napad. Na końcu, sąd przesłuchał ofiarę przestępstwa. Młody mężczyzna jasno i spokojnie opowiedział co się zdarzyło. Rozpoznał oskarżonego jako napastnika. Sędzia skazał oskarżonego na rok więzienia.

Moim zdaniem, odciski palców i dowody DNA były niezbite. Całkowicie zgadzam się z wyrokiem.

V

złożyć zeznanie	*to give a statement*
prowadzić dochodzenie	*to conduct investigation*
mieć coś wspólnego	*to have something to do with*
odciski palców	*fingerprints*
skazać	*to sentence*

1 Kiedy odbył się proces?_____
2 Kogo najpierw przesłuchano?_____
3 Czy oskarżony przyznał się do winy?_____
4 Jakie dowody znaleziono w trakcie dochodzenia?_____
5 Czy świadek rozpoznał oskarżonego?_____
6 Jaki był wyrok?_____
7 Jakie Zbyszek ma zdanie o sprawie i wyniku procesu?_____

L **Highlight all instances of reported speech used in the email.**

Vocabulary

M Janusz is watching a TV programme about Polish current affairs. It shows an interview with Professor Nowakowski. Complete the text with appropriate phrases from the box.

po drugie	Myślę	Czy Pana zdaniem	Całkowicie zgadzam się
zdaniem	Po pierwsze	Uważam, że	

Dziennikarz:	Dobry wieczór Państwu. W dzisiejszym programie naszym gościem jest wybitny historyk Uniwersytetu Jagiellońskiego, Profesor Andrzej Nowakowski.
Prof. Nowakowski:	Witam Państwa.
Dziennikarz:	Panie profesorze, jak pan ocenia dzisiejsze wydarzenia?
Prof. Nowakowski:	(**1**) _____ z opinią Pani Premier, że sytuacja jest niebezpieczna i wyjątkowa. Moim (**2**) _____, dymisja Ministra Jastrzębskiego jest uzasadniona. (**3**) _____ – ta decyzja zażegnała szerszy konflikt, A (**4**) _____ – można teraz wybrać nowego Ministra i kontynuować politykę negocjacji z Unią Europejską.
Dziennikarz:	(**5**) _____ polemika w tej sprawie jest konieczna?
Prof. Nowakowski:	(**6**) _____, że tak. (**7**) _____ mamy prawo przedstawiać swoje argumenty na forum międzynarodowym.
Dziennikarz:	Dziękuję Panu za rozmowę.

Writing

N Write a comment to the following blog post about the reorganization of the local police stations.

Codzienny blog

Wirtualny posterunek policji – Internet zastępuje posterunek.

Komisarz Zawadzki przedstawił program reorganizacji policji. Posterunki zostaną zamknięte, a policjanci będą spędzać więcej czasu na patrolowaniu. Jednocześnie zostanie stworzona strona internetowa Policji gdzie można zgłaszać przestępstwa i szukać pomocy.

Czekamy na komentarze.

Express your opinion by stating if you agree or disagree and what you think about the issue (80–100 words).

_____

_____

_____

_____

_____

_____

_____

_____

_____

Self-check

Tick the box that matches your level of confidence.

1 = very confident;   2 = need more practice;   3 = need a lot of practice

Zaznacz opcję, która najbardziej odpowiada twojemu poziomowi.

1 = pewny siebie /   2 = potrzebuję więcej   3 = potrzebuję dużo praktyki
    pewna siebie;   praktyki;

	1	2	3
Can use reported speech.			
Can report on events which happened in the past.			
Can understand a text where different points of view are presented. (CEFR B2).			
Can express opinions and put forward counter-arguments. (CEFR B2).			

12 Bardzo dobrze!

Well done!

In this unit you will learn how to:

✓ Use adverbs.

✓ Use adverbial phrases.

> **CEFR:** Can understand a biographical text (CEFR B2); Can write a biographical text (CEFR B2).

Adverbs

Meaning and usage

Adverbs – *Jak, gdzie i kiedy?* (How, where and when?)

A Suggest what the word *pięknie* describes in the following sentence.

Ela **pięknie** rysuje.

1 We can use adverbs to describe actions, much like adjectives can be used to describe people, places and things. In fact, many adverbs are derived from adjective forms.

Adjectives	Adverbs
ładny (*nice*)	**ładnie** (*nicely*)
ostrożny (*safe*)	**ostrożnie** (*safely*)
wygodny (*comfortable*)	**wygodnie** (*comfortably*)
szybki (*quick*)	**szybko** (*quickly*)

2 Adverbs provide information about *how* (**jak**), *where* (**gdzie**) and *when* (**kiedy**) something happens.

3 Unlike adjectives, adverbs do not decline, and they have no class or number. As in the following examples, the adverb form does not change.

On śpiewa <u>ładnie</u>. (*He sings nicely.*)

Ona śpiewa <u>ładnie</u>. (*She sings nicely.*)

My śpiewamy <u>ładnie</u>. (*We sing nicely.*)

Oni śpiewają <u>ładnie</u>. (*They sing nicely.*)

4 But similarly to adjectives, some adverbs can be used to compare. For example:

Ewa jeździ ostrożnie. (*Ewa drives carefully.*)

Magda jeździ ostrożniej. (*Magda drives more carefully.*)

Grażyna jeździ najostrożniej. (*Grażyna drives most carefully.*)

We will explore the comparative and superlative forms of adverbs in the next unit.

Although using adverbs in Polish is relatively easy, be mindful that while many constructions in Polish use an adverb, the English translation uses an adjective.

For example, after verbs referring to looking, appearing and feeling, English uses adjectives while Polish uses adverbs.

Ewa wygląda <u>młodo</u>. (*Ewa looks young.*)

Antek czuje się <u>źle</u>. (*Antek feels ill.*)

Jest mi <u>zimno</u>. (*I'm [I feel] cold.*)

B   Read the following text and underline all the adverbs.

Pan Andrzej obudził się późno. Bolała go głowa i czuł się źle. Niestety, nie mógł wziąć wolnego dnia. Miał dużo pracy. Wstał, wziął prysznic i ubrał się powoli. Zjadł smaczne śniadanie. Wyszedł niechętnie z domu. Na dworze było jesiennie, zimno i padał deszcz. Długo czekał na autobus. W autobusie było ciasno. Pan Andrzej żałował, że wstał z łóżka. Był w okropnym humorze.

5 Although adverbs are mostly used to modify verbs, they can also modify:

▶ an adjective
▶ another adverb
▶ a noun
▶ the whole sentence.

Ona <u>ładnie</u> (adv.) **rysuje** (verb). (*She draws nicely.*)

To <u>bardzo</u> (adv.) **ładny** (adj.) **dom.** (*It's a very nice house.*)

Jest <u>bardzo</u> (adv.) **przyjemnie** (adv.) **tutaj.** (*It's very pleasant here.*)

Poproszę kawę (noun) **po turecku** (adv.). (*Can I have coffee Turkish style?*)

Oczywiście (adv.), **on przyjedzie na Boże Narodzenie.** (*Of course, he will come for Christmas.*)

C   Look again at the adverbs in the text. Identify what types of words they each modify.

Adverb forms

Regular forms

1   Most adverbs are formed from adjectives and are either regular or irregular.

The regular adverbs derived from adjectives ending in **-y/-i** will end in either **-o** or **-e**.

> *Why not make two separate lists or 'collections' of adverbs – one with those ending in -**o** and the other with adverbs ending in -**e**. As always, the quickest way to learn is to place a word or phrase in context, so try to write example sentences with these adverb forms as well.*

Adverbs ending in -o

Adjectives	Adverbs
częsty (*frequent*)	**często** (*frequently*)
miły (*nice*)	**miło** (*nicely*)
tani (*cheap*)	**tanio** (*cheaply*)
długi (*long*)	**długo** (*long*)

D   Complete the table with the correct adverb forms.

Adjectives	Adverbs
ciężki	*ciężko*
drogi	1 _____
łatwy	2 _____
bliski	3 _____
szybki	4 _____
wolny	5 _____
trudny	6 _____
rzadki	7 _____
jasny	8 _____

2 Adjectives ending in **-owy** also belong to this group. The ending changes to **-owo** to form adverbs.

wyjątkowy (*exceptional*)	**wyjątkowo** (*exceptionally*)
typowy (*typical*)	**typowo** (*typically*)
chwilowy (*momentary*)	**chwilowo** (*momentarily*)
zdrowy (*healthy*)	**zdrowo** (*healthily*)
duchowy (*spiritual*)	**duchowo** (*spiritually*)
komfortowy (*comfortable*)	**komfortowo** (*comfortably*)

Adverbs ending in -*e*

Adjectives	Adverbs
odważny (*courageous*)	**odważnie** (*courageously*)
aktualny (*current*)	**aktualnie** (*currently*)
ciekawy (*interesting*)	**ciekawie** (*interestingly*)
leniwy (*lazy*)	**leniwie** (*lazily*)

E   Complete the table with the correct adverb forms.

Adjectives	Adverbs
pracowity (*industrious*)	1 _____
słuszny (*correct*)	2 _____
śmieszny (*funny*)	3 _____
dokładny (*exact*)	4 _____
błędny (*erroneous*)	5 _____
chciwy (*greedy*)	6 _____
cierpliwy (*patient*)	7 _____
magiczny (*magical*)	8 _____
fałszywy (*false*)	9 _____

When learning adjectives, try to learn the adverb forms derived from those adjectives at the same time. Think of this as the 'buy one get one free' principle.

Irregular adverbs

As always, there is a group of irregular adverbs. The best option is to learn these by heart.

Adjectives	Adverbs
dobry (*good*)	**dobrze** (*well*)
mądry (*wise*)	**mądrze** (*wisely*)
duży (*big*)	**dużo/wiele** (*much/many*)
mały (*small*)	**mało** (*little, few*)
trwały (*lasting*)	**trwale** (*permanently*)
zły (*bad/wrong*)	**źle** (*badly/wrongly*)

Adverbial phrases

1   In Polish, just like in English, adverbs exist alongside adverbial phrases, which fulfill the same function as adverbs, but are made up of more than one word. Unfortunately, there is no other way but to learn them by heart. It is important to learn and use these phrases, as they will add some depth to your communication skills in Polish.

Adverbial phrase	English	Example
bez ładu i składu	*without order/randomly*	Porzucił swoje rzeczy bez ładu i składu. (*He abandoned his belongings in a random fashion.*)
bez ogródek	*openly, bluntly*	Powiedziałam mu co myślę bez ogródek. (*I told him what I think bluntly.*)
co sił nogach	*to walk/run as fast as you can*	Biegliśmy co sił w nogach, żeby schronić się przed burzą. (*We ran as fast as we could to get shelter from the storm.*)
dla świętego spokoju	*for peace and quiet*	Zrobiłby wszystko dla świętego spokoju. (*He would do anything for peace and quiet.*)
do szpiku kości	*(frozen) to the bone*	Zmarzłem do szpiku kości. (*I was frozen to the bone.*)
gołym okiem	*with a naked eye*	Można było zobaczyć kometę gołym okiem. (*You could see the comet with the naked eye.*)
gołymi rękami	*with bare hands*	Zbudowałem płot gołymi rękami. (*I built this fence with my bare hands.*)
na antenie	*on-air*	Polityk potknął się na antenie. (*The politician tripped whilst live on-air.*)
na chybił trafił	*at odds, haphazardly, at random*	Nie mogłam się zdecydować więc wybrałam na chybił trafił. (*I couldn't decide so I chose at random.*)
na co dzień	*usually, normally*	Na co dzień mieszkam w Krakowie. (*I normally live in Krakow.*)
na czczo	*on an empty stomach*	Badania krwi są robione na czczo. (*The blood tests are done on an empty stomach.*)

Adverbial phrase	English	Example
na dobre i na złe	*for better or worse*	Na dobre czy na złe, technologia wkracza w nasze życie. (*For better or worse, technology encroaches on our lives.*)
na gapę	*to dodge the fare*	Nigdy nie jeżdżę na gapę. (*I never dodge the fare.*)
na pamięć	*by heart*	Musisz nauczyć się wiersza na pamięć. (*You have to learn this poem by heart.*)
na wynos	*to take away*	Posiłki na miejscu lub na wynos. (*Meals to eat in or to take away.*)
od deski do deski	*from cover to cover*	Przeczytałem powieść od deski do deski. (*I've read the novel from cover to cover.*)

F Work out what these adverbial phrases mean. Use a dictionary if necessary.

1 od stóp do głów _____

2 pod gołym niebem _____

3 prędzej czy później _____

4 ramię w ramię _____

5 z duszą na ramieniu _____

6 z góry _____

7 z grubsza _____

8 z otwartymi ramionami _____

9 z ręką na sercu _____

10 za pół ceny _____

G Complete the following sentences with the adverb given in brackets in an appropriate place in the sentence for example:

▶ immediately before or after the verb

▶ in front of adjective

▶ in front of another adverb it modifies

▶ after a noun it modifies.

1 (blisko) Mieszkam dość. _____

2 (ciekawie) Ojciec opowiadał nam historie _____

3 (bardzo) Byłem zaskoczony wizytą Tomka _____

4 (bezsprzecznie) To było wielkie odkrycie _____

Vocabulary

Scientific experiments, inventions and discoveries

1 When talking about scientific experiments, inventions and discoveries you may find the following vocabulary useful.

wynalazek	invention
wynalazca	inventor
odkrywca	discoverer, explorer
odkrycie	discovery
dokonać odkrycia	to make a discovery
naukowiec	scientist
podróżnik	traveller
inżynier	engineer
konstruktor	constructor
eksperyment	experiment
prowadzić badania naukowe	to conduct scientific research
prowadzić eksperymenty	to conduct experiments
pionier/pionierka	pioneer
profesor	professor
uniwersytet	university

H Complete the text with the vocabulary from the box.

| profesorem | dokonała odkrycia | Uniwersytecie | prowadziła badania naukowe |
| naukowcem | eksperymenty | pionierem | |

Maria Skłodowska-Curie (1887–1934), fizyk, chemik i dwukrotna laureatka Nagrody Nobla była znakomitym polskim (1) _____ . Urodziła się w Warszawie, ale większość życia spędziła we Francji. Razem z mężem, Pierrem, (2) _____ i (3) _____ w Paryżu. W 1898 roku (4) _____ nowego pierwiastka chemicznego – polonu (nazwanego tak na cześć Polski), a kilka miesięcy później, innego pierwiastka – radu. Była (5) _____ badań nad promieniowaniem. W 1903 otrzymała Nagrodę Nobla – z fizyki. W 1906 zaczęła pracować na (6) _____ Paryskim (Sorbonie), została tym samym pierwszą kobietą (7) _____ na Sorbonie. W 1911 roku otrzymała drugą Nagrodę Nobla – z chemii. Była pierwszą osobą, która otrzymała Nagrodę Nobla dwa razy. W czasie pierwszej wojny światowej pomagała żołnierzom – organizowała samochody z przenośną aparaturą rentgenowską. W 1916 roku jako jedna z pierwszych kobiet prowadziła samochód.

V

dwukrotna laureatka	*twice the winner of*
Nagrody Nobla	*the Noble Prize*
promieniowanie	*radioactivity*
pierwiastek chemiczny	*chemical element*
na cześć Polski	*in honour of Poland*

Reading

I Read the first part of the text and answer the questions in Polish.

1 Jakie odkrycia i wynalazki są wspomniane w tekście?_____

2 Dwoje najsłynniejszych polskich naukowców to …?_____

Ela and Gosia are visiting an exhibition titled: **Co świat zawdzięcza Polakom?**

Gosia is reading the exhibition catalogue about famous Poles in history and their achievements.

Co świat zawdzięcza Polakom? Od peryskopu przez witaminy, zegarki na rękę, kamizelki kuloodporne do wykrywaczy min. Polacy zawsze wnosili ogromny wkład do rozwoju nauki i techniki. Zarówno w kraju jak i na emigracji Polacy uparcie i wytrwale pracowali nad wynalazkami. Posuwali naprzód naszą wiedzę o świecie naturalnym. Kim byli? Mikołaj Kopernik czy Maria Skłodowska – Curie są dość dobrze znani. Ale oprócz nich są inni – często nieznani lub zapomniani.

J Now read the rest of the text and answer the questions.

Antoni Patek (1812–77) odważnie walczył w Powstaniu Listopadowym. Po upadku powstania wyemigrował do Szwajcarii gdzie założył firmę zegarmistrzowską znaną dzisiaj jako Patek Phillipe. Zaprojektował i skonstruował pierwszy zegarek na rękę.

Jan Szczepanik (1872–1926), nazywany często polskim Edisonem, był głęboko zaangażowany w pracę nad barwnikami do tkanin i do fotografii. Skonstruował pierwszą kamizelkę kuloodporną.

Józef Kosacki (1909–90) inżynier, wynalazca i żołnierz Polskich Sił Zbrojnych w Wielkiej Brytanii. W 1941 roku skonstruował wykrywacz min. Jego konstrukcja niezmiennie trwała przez 50 lat. Kosacki nigdy nie opatentował wynalazku. Po prostu ofiarował go Armii Brytyjskiej. Jego wynalazek bezsprzecznie ocalił życie milionom ludzi.

Kazimierz Funk (1884–1967) biochemik, twórca nauki o witaminach. Odkrył witaminę B1 i prowadził długoletnie badania nad hormonami i przyczynami raka.

Czy wiesz kto wynalazł spinacz biurowy albo projektor filmowy; kto zbudował pierwszą rafinerię; kto wynalazł hologram, a kto zaprojektował skrzydło delta?

Zobacz naszą wystawę. Dowiesz się więcej o fascynującej historii polskich wynalazców i odkrywców.

1 Kto odkrył witaminy?_____

2 Jak nazywano Jana Szczepanika?_____

3 Co skonstruował Jan Szczepanik?_____

4 Co skonstruował Józef Kosacki?_____

5 Kto zaprojektował pierwszy zegarek na rękę?_____

V		
Powstanie Listopadowe	*the November Uprising of 1830*
zegarmistrz	*watchmaker*
barwniki	*dyes*
kamizelka kuloodporna	*bulletproof jacket / body armour*
wykrywacz min	*mine detector*
twórca	*creator*

K **Find and highlight all the adverbs in the text.**

L **Find and circle all the adverbial phrases in the text.**

M **Translate the sentences into Polish.**

1 Mikołaj Kopernik was a famous Polish astronomer and scientist._____

2 Maria Skłodowska-Curie was a Polish scientist._____

3 Jan Szczepanik constructed first bulletproof jacket._____

4 Antoni Patek emigrated to Switzerland._____

5 Polish scientists are unknown or forgotten._____

Writing

N **Research the following Poles and write a short biography (20 words) for each of them – what were they famous for?**

1 Henryk Arctowski

2 Ignacy Łukasiewicz

3 Edmund Strzelecki

4 Krzysztof Arciszewski

5 Jan Czochralski

6 Marian Rejewski

_____

_____

_____

_____

_____

_____

_____

_____

_____

_____

_____

_____

Self-check

Tick the box that matches your level of confidence.

1 = very confident   2 = need more practice   3 = need a lot of practice

Zaznacz opcję, która najbardziej odpowiada twojemu poziomowi.

1 = pewny siebie /   2 = potrzebuję   3 = potrzebuję dużo praktyki
    pewna siebie   więcej praktyki

	1	2	3
Can use adverbs.			
Can use adverbial phrases.			
Can understand a biographical text. (CEFR B2).			
Can write a biographical text. (CEFR B2).			

13 Zawsze myślę pozytywnie!

I always think positive!

In this unit you will learn how to:

✓ Use adverbs of manner, time and place.

✓ Use comparative and superlative adverbs.

CEFR: Can understand text about health and well-being issues (CEFR B2); Can write an informational text about mind and well-being (CEFR B2).

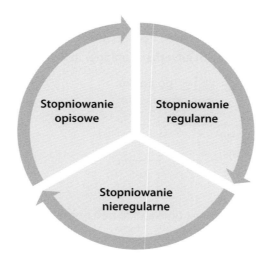

Meaning and usage

Adverbs of manner, time and place

Adverbs can modify verbs, nouns or other adverbs by answering the questions *how?* (in what manner?), *when?* (time) and *where?* (place).

We can categorize adverbs into three corresponding groups:

- ▶ adverbs of manner
- ▶ adverbs of time
- ▶ adverbs of place.

Adverbs of manner

Adverbs of manner are used to describe the manner (the way, the method or style) in which something is done. They can answer the question *how?* (**jak?**).

dobrze (*well*)

źle (*badly*)

ładnie (*nicely*)

brzydko (*ugly*)

szybko (*fast*)

powoli (*slowly*)

niechcący (*accidently, unwittingly*)

inaczej (*otherwise, else*)

bardzo (*very*)

zresztą (*after all*)

ledwo (*hardly*)

też (*too*)

nieumyślnie (*inadvertently*)

prawie (*nearly*)

trochę (*a little*)

przypadkowo (*accidently, by chance*)

A   Complete the sentences with adverbs of manner in Polish.

1   Tom mówi (*well*) _____ po polsku.
2   (*Very*) _____ pana przepraszam.
3   Chodź (*fast*) _____.
4   Kwiaty pachną (*nicely*) _____.
5   Proszę mówić (*slowly*) _____.

Adverbs of time

Adverbs of time are used to express time and to describe when something is done. They can answer the question *when?* (**kiedy?**).

dzisiaj/dziś (*today*)

obecnie (*currently*)

teraz (*now, at the moment*)

jutro (*tomorrow*)

wczoraj (*yesterday*)

kiedyś (*once*)

dawno (*a long time ago*)

jednocześnie (*at the same time*)

wtedy (*then*)

współcześnie (*in modern times*)

najpierw (*firstly*)

potem (*then, afterwards*)

wcześnie (*early*)

późno (*late*)

wkrótce (*soon*)

ostatnio (*lately*)

nigdy (*never*)

rzadko (*rarely, seldom*)

często (*often, frequently*)

zawsze (*always*)

B   Complete the sentences with adverbs of time in Polish.

1   Jak (*long*) _____ jeszcze poczekamy?

2   (*Firstly*) _____ zrobimy zakupy, a (*then*) _____ ugotujemy obiad.

3   Jest (*late*) _____ , muszę już iść.

4   Cześć Marek, nie widziałem cię (*a long time ago*) _____ .

5   Wyjeżdżam jutro o siódmej więc muszę wstać (*early*) _____ .

Adverbs of place

Adverbs of place are used to describe location and position. They can answer the question *where?* (**gdzie?**).

blisko (*closely, near*)   **na lewo** (*to the left*)

daleko (*far away*)   **prosto** (*straight away*)

niedaleko (*near, not far*)   **krzywo** (*awry, askew*)

tu/tutaj (*here*)   **wszędzie** (*everywhere*)

tam (*there*)   **nigdzie** (*nowhere*)

w górę (*up*)   **naprzód** (*forward*)

w dół (*down*)   **do tyłu** (*backward*)

na prawo (*to the right*)

C   Complete the sentences with adverbs of place.

1   Przepraszam, gdzie jest bank? Trzeba skręcić (*to the right*) _____ .

2   (*Everywhere*) _____ panuje porządek.

3   Jak (*far*) _____ jest dworzec kolejowy?

4   (*Not far*) _____ .

5   (*Nowhere*) _____ nie ma jabłek.

Adverb families

When learning adverbs why not try to categorize them into 'families' based on what they describe.

1   Adverbs relating to colours

biały – na biało – Ściany były pomalowane na biało. (*Walls were painted* (*in*) *white.*)

czarny – na czarno ((*in*) *black*)

czerwony – na czerwono ((*in*) *red*)

2   Times of the day

rano (*in the morning*)

po południu (*in the afternoon*)

3   Days of the week

poniedziałek – w poniedziałek (*on Monday*)

4 Months

styczeń – w styczniu (*in January*)

luty – w lutym (*in February*)

5 Seasons

wiosna (*spring*)

na wiosnę (*in spring*)

6 Geographical directions

północ <u>na północy</u> (*in the north*) / **<u>na północ</u>** (*to the north*)

południe <u>na południu</u> (*in the south*) / **<u>na południe</u>** (*to the south*)

wschód <u>na wschodzie</u> (*in the east*) / **<u>na wschód</u>** (*to the east*)

zachód <u>na zachodzie</u> (*in the west*) / **<u>na zachód</u>** (*to the west*)

7 The weather

jest słonecznie (*it's sunny*)

jest ciepło (*it's warm*)

jest deszczowo (*it's rainy*)

jest duszno (*it's stuffy, it's muggy*)

było zimno (*it was cold*)

było gorąco (*it was hot*)

będzie mroźno (*it will be frosty*)

D **Complete the sentences with the correct form of the words in brackets.**

1 Ewa była ubrana na (czerwony). _____
2 Jest zawsze (zimny) w listopadzie. _____
3 Może spotkamy się na kawę po (południe). _____
4 Jaka dziś pogoda? Jest (ciepły) i (słoneczny). _____

How to form comparative and superlative adverbs

Just like adjectives, most adverbs have comparative and superlative forms. And similarly to adjectives, there are three types of these forms:

▶ regular forms
▶ irregular forms
▶ descriptive forms using **bardziej** (*more*), **najbardziej** (*most*) and **mniej** (*less*), **najmniej** (*least*) before an adverb.

Regular comparative and superlative forms

1   For adverbs ending in **-e**, add **-j** to the adverb.

Adverb	Comparative form
pięknie	piękniej
chętnie	chętniej

Chętnie oglądam filmy, ale chętniej czytam książki. (*I eagerly watch films, but I more eagerly read books.*)

To form the superlative, add the prefix **naj-** to the comparative form.

Comparative form	Superlative form
piękniej	najpiękniej
chętniej	najchętniej

Chętnie czytam książki, ale najchętniej słucham muzyki.
(*I eagerly read books, but I most eagerly listen to music.*)

2   For adverbs ending in **-o**, drop the **-o** and add the suffix **-ej**.

Adverb	Comparative form
tanio	taniej
zimno	zimniej

Wczoraj było zimno, ale dziś jest zimniej. (*It was cold yesterday, but today it's colder.*)

To form the superlative, add the prefix **naj-** to the comparative form.

Comparative form	Superlative form
taniej	najtaniej
zimniej	najzimniej

W listopadzie jest zimno, ale najzimniej jest w lutym.
(*It's cold in November, but it's coldest in February.*)

E   **Complete the sentences with an appropriate comparative or superlative adverb.**

    1   Dziś jest **zimno**, ale jutro będzie _____ .

    2   **Chętnie** pójdę do kina, ale _____ pójdę na spacer.

    3   Owoce można kupić **taniej** w supermarkecie, ale _____ jest na targu.

    4   Do sklepu jest dość **daleko**, do stacji jest **dalej**, ale _____ jest do kościoła.

    5   Latem jest **pięknie** w parku, ale _____ jest na wiosnę.

    6   Tomek opowiada historie **śmiesznie**, ale Marek opowiada _____ .

Irregular comparative and superlative forms

Irregular comparative and superlative adverb forms include the following:

Adverb	Comparative form	Superlative form
bardzo (*very*)	bardziej	najbardziej
dobrze (*well*)	lepiej	najlepiej
mało (*little, few*)	mniej	najmniej
dużo (*many/much*)	więcej	najwięcej
lekko (*lightly*)	lżej	najlżej
krótko (*shortly*)	krócej	najkrócej

It is best to try and memorize these forms as they do not follow a fast rule.

Czekam już <u>mniej więcej</u> dwie godziny. (*I've been waiting for more or less two hours.*)

Descriptive forms

Descriptive forms are the least common. For descriptive forms, we add **bardziej** (*more*), **najbardziej** (*most*) and **mniej** (*less*) / **najmniej** (*least*) before the adverb.

Adverb	Comparative form	Superlative form
interesująco	bardziej/mniej interesująco	najbardziej/najmniej interesująco (*the most / the least interestingly*)
niebezpiecznie	bardziej/mniej niebezpiecznie	najbardziej/najmniej niebezpiecznie (*the most / the least dangerously*)
ekstrawagancko	bardziej/mniej ekstrawagancko	najbardziej/najmniej ekstrawagancko (*the most / the least extravagantly*)

Prof. Siwicki mówił <u>najmniej interesująco</u> na konferencji.

(*Professor Siwicki was speaking the least interestingly at the conference.*)

 F Look at the following group of adverbs. Identify what they have in common. Consider that most adverbs are derived from adjectives. Identify what is different about this group of adverbs.

już	czemu?
zawsze	dość
przedtem	kiedyś
wszędzie	dokąd?
skąd	

G Complete the sentences with appropriate form of the adverbs given in brackets.

1 Agata ubiera się (*the most extravagantly*) _____.
2 Jest nam (*difficult*) _____.
3 Adaś uczy się (*well*) _____.
4 To wygląda bardzo (*bad*) _____.
5 Prof. Nowak mówi (*more interestingly*) _____ niż Prof. Michnikowski.

H Separate the following group of adverbs into three different categories: adverbs of manner, adverbs of time and adverbs of place. Use a dictionary if necessary.

gorzko	dlaczego	kwaśno	często	słodko	gorąco
rzadko	nisko	długo	wysoko	słabo	słusznie
daleko	staro	blisko	gdziekolwiek	niedawno	niedługo

Adverbs of time	niedawno	
Adverbs of manner	gorzko	
Adverbs of place	gdziekolwiek	

Vocabulary

Health and well-being

Here are some useful words and phrases for talking about health and well-being in Polish.

zdrowie (*health*)

zdrowie fizyczne (*physical health*)

zdrowie psychiczne (*mental health*)

zdrowy styl życia (*well-being*)

choroba (*illness/sickness*)

dbać o zdrowie (*to take care of one's health*)

kondycja fizyczna (*physical condition/state*)

kondycja psychiczna (*psychological/mental condition / state*)

kondycja duchowa (*spiritual condition/state*)

umysł (*mind*)

mózg (*brain*)

ciało (*body*)

duch (*spirit*)

duchowy (*spiritual*)

psychika (*psyche*)

psychologia (*psychology*)

prawidłowo funkcjonować (*to function correctly*)

zdrowe odżywianie (*healthy eating*)

gimnastyka (*gymnastics*)

ćwiczenia (*exercises*)

ćwiczyć (*to exercise*)

medytacja (*meditation*)

medytować (*to mediate*)

modlitwa (*prayer*)

modlić się (*to pray*)

terapeuta (*therapist*)

terapia (*therapy*)

stosować terapię (*to apply therapy*)

lek (*medication/drugs*)

brać lek (*to take medication/drugs*)

ruch (*movement/exercise*)

I   **Complete the text with the words and phrases in the box.**

niesamowicie	przez całe życie	nieco	na sekundę	dlatego
Im więcej	tym więcej	Każdy	z innymi	nawet
około	nawet	jakiś	inny	taką samą

Nasz wspaniały mózg

Czym są myśli? Kto ma większy mózg – kobiety czy mężczyźni?

Nasz mózg to wspaniały i skomplikowany instrument. Składa się z (*about*) (**1**) _____ stu miliardów neuronów (*Each*) (**2**) _____ neuron może tworzyć (*even*) (**3**) _____ dziesięć tysięcy połączeń (*with other*) (**4**) _____ komórkami nerwowymi. Neuron ma około 0,1 (zero przecinek jeden) milimetra średnicy, ale jego długość może osiągać (*even*) (**5**) _____ kilka metrów.

Mózg w osiemdziesięciu procentach to woda (*that's why*) (**6**) _____ ma konsystencję galarety. Neurony tworzą się (*throughout our life*) (**7**) _____. (*The more*) (**8**) _____ ćwiczymy nasz mózg (*the more*) (**9**) _____ neuronów tworzy się.

Nasz mózg jest (*tremendously*) (**10**) _____ plastyczny – jeśli (*one, certain*) (**11**) _____ obszar mózgu jest uszkodzony, to (*another one*) (**12**) _____ obszar potrafi przejąć jego funkcje.

Myślenie, to procesy elektryczne i chemiczne. Mózg kobiety jest (*a little bit*) (**13**) _____ mniejszy niż mężczyzny, ale zachowuje (*the same*) (**14**) _____ sprawność więc jest wydajniejszy. Ilość informacji, które docierają do mózgu to około 100 Mb (megabajtów) (*per second*) (**15**) _____.

J Read the text and complete the sentences with the correct words and phrases in Polish.

Zdrowy styl życia

Wszyscy chcemy żyć dłużej i szczęśliwiej. Pytanie – jak utrzymać (*healthy lifestyle*)
(**1**) _____ ? Lekarze są zgodni, że będziemy zdrowsi jeśli będziemy (*think more positively*) (**2**) _____ , odżywiać się lepiej i uprawiać więcej ruchu.
Tymczasem większość z nas nie odżywia się (*healthily*) (**3**) _____, pijemy (*too much*) (**4**) _____ alkoholu, palimy za dużo papierosów, mamy za mało (*movement/exercise*) (**5**) _____ .

Powinniśmy dbać o (*physical health*) (**6**) _____ i (*mental health*) (**7**) _____.
Zdrowie fizyczne to ruch, hartowanie ciała i (*healthy food*) (**8**) _____: więcej owoców, warzyw i ryb, a mniej mięsa, słodyczy i alkoholu.

(*Mental health*) (**9**) _____ to unikanie (*stress*) (**10**) _____, relaks i myślenie pozytywnie.

Krok po kroku możemy zmienić nasze życie.

Reading

K Read the text and answer these questions in Polish.

1 Kim jest Prof. Michałowski?_____

2 Na jakie tematy pisze Prof. Michałowski?_____

Marlena słucha programu w radio o zdrowym trybie życia.

Prezenterka:	Witam państwa. Dzisiaj naszym gościem w studiu jest Profesor Adam Michałowski – psycholog, terapeuta, autor wielu książek o utrzymaniu dobrej kondycji fizycznej, psychicznej i duchowej.
Prof. Michałowski:	Dzień dobry.
Prezenterka:	Panie Profesorze, czego najbardziej potrzebuje nasz mózg, żeby prawidłowo funkcjonować?
Prof. Michałowski:	Najważniejsze, to nieustannie ćwiczyć – nie tylko nasze ciało i umysł, ale i ducha. Lepiej iść na spacer do parku czy do lasu niż oglądać telewizję; lepiej czytać książki niż siedzieć bezczynnie. Lepiej modlić się lub medytować niż brać leki antydepresyjne.

Prezenterka:	A jakie znaczenie ma odpowiednie odżywianie?
Prof. Michałowski:	Nawyki żywieniowe są ogromnie ważne – najbardziej odpowiednie dla naszego organizmu są warzywa i owoce; umiarkowanie – mięso, a najmniej korzystne są słodycze. Przynajmniej raz w tygodniu trzeba jeść ryby – najlepiej łososia, makrelę lub sardynki.
Prezenterka:	A jak zachować dobrą pamięć?
Prof. Michałowski:	Pamięć trzeba ćwiczyć tak jak mięśnie. Pamięć to nasza baza danych. Najlepiej rozwiązywać krzyżówki, zagadki, rebusy, szarady, łamigłówki – słowem, różne rozrywki umysłowe.

L   Read the text again and answer these questions about Professor Michałowski's opinion.

1   Co lepiej robić niż oglądać telewizję?_____
2   Modlitwa lub medytacja są lepsze niż co?_____
3   Czy nawyki żywieniowe są ważne?_____
4   Jaki rodzaj żywności trzeba jeść przynajmniej raz w tygodniu?_____
5   Jak najlepiej ćwiczyć pamięć?_____

M   Find all adverbs of manner, time and place in the text. Underline them.

N   Translate the sentences into Polish.

1   It's better to dance than to watch television._____
2   I never go to the cinema._____
3   Do you often come here?_____
4   It is somewhere here!_____
5   You need to exercise your memory._____

O   Find the correct answer to the questions.

1   If you want to be healthy, which is better for you?
   a *zdrowe odżywianie*   **b** *picie alkoholu*
2   To stay healthy, you need to exercise body, mind and what else?
   a *ciało*   **b** *umysł*   **c** *duch*
3   Which type of food is not so good for us?
   a *owoce*   **b** *słodycze*   **c** *warzywa*
4   Which word does not relate to puzzles?
   a *zagadka*   **b** *terapia*   **c** *rebus*

P   Translate the Polish saying into English.

„W zdrowym ciele zdrowy duch"_____

When learning new vocabulary, try to find associations with English. Many words related to health and well-being in Polish are borrowed from English; for example: **stres**, **depresja**, **pozytywny**, **psychiczny**. *The word* **zdrowie** *will often appear in spoken Polish in a phrase:* **na zdrowie!** *(lit for good health), traditionally spoken either when someone sneezes or when drinking a toast.*

 Writing

Q   Write a short informational leaflet about how to maintain good memory and stay in a good mental condition. Include information about eating habits, memory exercises and alternatives to sitting at home and watching television. Suggest ways to guard against depression. (80–100 words)

_____

_____

_____

_____

_____

_____

_____

Self-check

Tick the box that matches your level of confidence.

1 = very confident   2 = need more practice   3 = need a lot of practice

Zaznacz opcję, która najbardziej odpowiada twojemu poziomowi.

1 = pewny siebie /   2 = potrzebuję   3 = potrzebuję dużo praktyki
    pewna siebie;   więcej praktyki

	1	2	3
Can use adverbs of manner, time and place.			
Can form comparative and superlative adverbs.			
Can understand text about health and well-being issues. (CEFR B2).			
Can write an informational text about mind and well-being. (CEFR B2).			

14 Romantyczne krajobrazy
Romantic landscapes

In this unit you will learn how to:

✓ Use adverbs and adverbial phrases of degree, modification and frequency.

✓ Expressions about art.

CEFR: Can understand a text about Polish art and art history (CEFR B2); Can write a descriptive text about a landscape (CEFR B2).

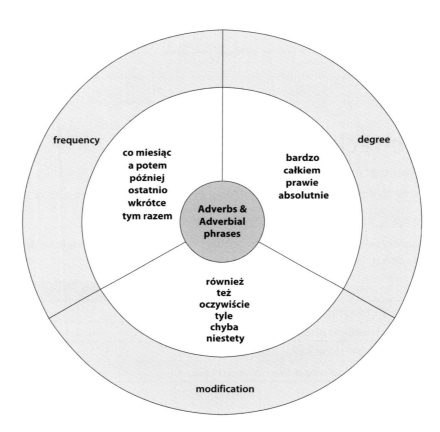

Meaning and usage

Adverbs and adverbial phrases

1 Adverbs can consist of one word, or they can come in the form of adverbial phrases (more than one word).

Adverbs: dobrze (*well*), **źle** (*badly*), **niedaleko** (*not far*)

Adverbial phrases: w dodatku (*in addition*), **po prostu** (*simply*), **co najmniej** (*at least*),
na pewno (*surely*)

Dzieci siedzą cicho. (*Children are sitting quietly.*)

Dzieci siedzą w milczeniu. (*Children are sitting in silence.*)

2   Adverbial phrases perform the same role as adverbs and are categorized in the same way
into adverbial phrases of manner, time and place. But unlike adverbs, which can be related to
adjectives (in most cases), adverbial phrases can be a combination of various parts of speech.

w milczeniu (*in silence*) (preposition and noun)

o mały włos (*close call*) (preposition, adjective and noun)

Andrzej o mały włos uniknął wypadku. (*Andrzej avoided an accident,* [but] *it was a close call.*)

*Although it may sound like a lot of hard work, learning and using adverbial phrases
is essential and, it must be said, highly rewarding. It will be another big step toward
proficiency in Polish. Adverbial phrases are used all the time. Both everyday spoken
and written Polish are peppered with them. It is also worth remembering that in your
studies so far you have come across adverbial phrases anyway – you just didn't know
that's what they were yet!*

A   Read the sentences. Identify what the adverbs and adverbial phrases have in common.

Jest bardzo gorąco. (*It's very hot.*)

Jest dokładnie godzina siódma. (*It's exactly seven o'clock.*)

Jest okropnie zimno. (*It's terribly cold.*)

Proszę mówić trochę wolniej. (*Please speak a little bit slower.*)

Adverbs and adverbial phrases of degree

3   Among the adverbs and adverbial phrases of manner we can distinguish another group –
adverbs of degree.

bardzo (*very*)

całkiem (*quite*)

dosyć/dość (*enough*)

ledwo/ledwie (*hardly*)

prawie / prawie nie (*nearly/hardly*)

absolutnie (*absolutely*)

razem (*together*)

dokładnie (*exactly/accurately*)

wystarczająco (*sufficiently*)

mniej (*less*)

trochę (*a little bit*)

kompletnie (*completely*)

tak (*so*) (e.g. **tak dużo jedzenia** – *so much
food*)

okropnie (*terribly*)

strasznie (*terribly*)

wcale / wcale nie (*quite / not at all / not by a
long shot*)

za (*too*) (e.g. **za duży** *too big*)

zbyt (*too/excessively*)	**w ogóle** (*at all / in general / whatsoever*)
zupełnie (*completely*)	**prawie nigdzie** (*hardly anywhere*)
co najmniej (*at least*)	**za każdym razem** (*every time / each time*)

B **Complete the sentences with the Polish adverbs or adverbial phrases which match the English words in brackets.**

1 Jest (*terribly*) _____ tłoczno.
2 Niestety, nie mam (*too much*) _____ czasu.
3 Oblicz (*exactly*) _____ ile pieniędzy jestem ci winien.
4 Czy mówisz po polsku? Tak (*a little bit*) _____ .
5 Jak ci poszedł egzamin? (*Quite*) _____ dobrze.

Remember that while learning lists of words, it helps to arrange the list into groups of ten. For every tenth word in your lists, add something distinctive, such as hand-drawn pictures, different fonts, sizes or colours to illustrate the meaning of the word. When you review your lists, you will remember every tenth word better, quicker and for longer. If you would like to find out more about this very useful technique search the Internet for the Von Restorff Effect, *also known as the* Isolation Effect.

Adverbs and adverbial phrases of modification

4 Another group is adverbs / adverbial phrases of modification. Here is a selection of some common adverbs and adverbial phrases of modification.

też/także (*also/too*)	**owszem** (*indeed*)
również (*also/too*)	**na pewno** (*for sure*)
prawdopodobnie (*probably*)	**w ten sposób** (*in this way*)
pewnie (*surely/certainly*)	**w inny sposób** (*in another way*)
oczywiście (*of course/certainly*)	**jako tako** (*so so*)
tylko (*only*)	**szczerze mówiąc** (*to tell the truth*)
tyle (*so much / so many*)	**w każdym razie** (*in any case*)
śmiało (*bravely*)	**w takim razie** (*in this case*)
chyba (*probably/maybe*)	**nie tylko … ale też …** (*not only … but also …*)
może (*possibly/perhaps*)	**nawiasem mówiąc** (*by the way*)
nawet (*even*)	**przypuszczam, że** (*I assume that / I expect that*)
niestety (*unfortunately / I'm afraid*)	**mało kto/co** (*hardly anyone/anything*)
naturalnie (*naturally*)	**nie bardzo** (*scarcely/hardly*)
właśnie (*just/right/precisely*)	

Adverbs and adverbial phrases of time and frequency

5   Another group is adverbs and adverbial phrases of time and frequency.

co ... (*every*)

co miesiąc / co tydzień/ co roku (*monthly / weekly / yearly*)

raz na ... (*once a*)

raz na dzień / raz na tydzień / raz na miesiąc/ raz na rok (*once s day / once a week / once a month / once a year*)

a potem (*and then*)

teraz (*now*)

następnie (*next*)

później (*later*)

już (*just*)

ostatnio (*lately*)

wkrótce (*soon*)

natychmiast (*at once / immediately*)

tym razem (*this time*)

C   **Complete the sentences with the correct option.**

1   Czy odwiedziłeś _____ mamę?
    a ostatnio   b wkrótce

2   Przyjdę do ciebie trochę _____.
    a tym razem   b później

3   Umyj ręce. _____ umyłem.
    a Już   b Jeszcze

4   Trzeba brać tabletkę _____ .
    a a potem   b raz na dzień

D   **Complete the sentences with the Polish adverbs or adverbial phrases which match the English words in brackets.**

1   Zadzwoń do mnie po powrocie. (*Surely*) _____ .
2   (*Unfortunately*) _____ nie ma jabłek.
3   (*Only*) _____ on ma klucze do mieszkania.
4   (*To tell you the truth*) _____ , na mam ochoty iść do kina.
5   (*By the way*) _____ , czy widziałeś się z nim?

Another trick for learning Polish is to think of an English sentence and insert a Polish word you are trying to learn in the place of its English equivalent. For example, if you are trying to memorize the meaning and usage of **teraz**, *you could put it to memory faster when speaking or writing by using it in your English sentences: Do it* **teraz!** (now).

E **Complete the sentences with the Polish adverbs or adverbial phrases which match the English words in brackets.**

1 Pożar! Proszę (*immediately*) _____ opuścić budynek!

2 Już (*soon*) _____ pojedziemy na urlop do Włoch.

3 Odwiedzam moją mamę (*once a week*) _____ .

4 Teraz obejrzę film, a (*next*) _____ pójdę na spacer.

5 (*This time*) _____ będzie zupełnie inaczej.

Adverbs and adverbial phrases of place

6 Here is a selection of some common adverbs and adverbial phrases of place.

gdzie (*where*)

gdziekolwiek (*wherever*)

tutaj/tam (*here/there*)

wszędzie (*everywhere*)

nigdzie (*nowhere*)

stąd (*from here*)

daleko od (*far from*)

na zewnątrz (*outside/outdoors*)

wewnątrz (*inside/indoors*)

F **Complete the sentences using the Polish adverbs or adverbial phrases which match the English words in brackets.**

1 Tłumy są (*everywhere*) _____ .

2 Jak (*far from*) _____ centrum jest dworzec kolejowy?

3 (*Nowhere*) _____ nie jest tak wygodnie jak w domu.

4 (*Here*) _____ naładujesz telefon!

5 Było cieplej (*outdoors*) _____ niż (*indoors*) _____ .

 G **Categorize the following groups of adverbial phrases as *manner, time* or *place*.**

1	2	3
o świcie (*at dawn*)	po cichu (*quietly*)	na ostro / na słodko (*spicy/sweet*)
o zmierzchu (*at dusk*)	po omacku (*blindly*)	na zimno / na gorąco (*cold/hot*)
o zachodzie słońca (*at sunset*)	po ciemku (*in the dark*)	na miękko / na twardo (*soft boiled / hard boiled*)
o wschodzie słońca (*at sunrise*)	po prostu (*simply*)	na pierwszy rzut oka (*at a first glance*)
	po kryjomu (*in secret / by stealth*)	na stałe / na zawsze (*for good / for ever*)
		na niby (*pretended, make believe*)

Vocabulary

Talking about scenery, landscape and travel

krajobraz/krajobrazy (*landscape/landscapes*)

pejzaż/pejzaże ((*art*) *landscape/landscapes*)

widok/widoki (*scenery, view/views*)

niebo (*sky*)

horyzont (*horizon*)

morze (*sea*)

jezioro/jeziora (*lake/lakes*)

wzgórze/wzgórza (*hill/hills*)

góra/góry (*mount, mountain/mountains*)

szczyt/szczyty (*peak/peaks*)

las/lasy (*forest/forests*)

pole/pola (*field/fields*)

łąka/łąki (*meadow/meadows*)

rzeka/rzeki (*river/rivers*)

bagno/bagna (*moor/moors*)

moczary (*marsh, swamp/marshes , swamps*)

pustynia/pustynie (*desert/deserts*)

jaskinia/jaskinie (*cave/caves*)

pałac/pałace (*palace/palaces*)

zamek/zamki (*castle/castles*)

ruiny (*ruins*)

H   Complete the text with words from the box.

majestatycznie	tajemniczo	krajobrazy	pejzaże	obraz
Równie	kilkanaście	dziś całkiem	Najbardziej	
akwarele	mistrzowsko	żywiołowo	widoki gór	

Wystawa „Romantyczne polskie krajobrazy" prezentuje obrazy słynnych polskich malarzy, między innymi Józefa Chełmońskiego, Juliana Fałata i Leona Wyczółkowskiego.

Wśród obrazów są (**1**) _____ wyglądające (**2**) _____, uroczo, spokojnie, przerażająco. Są pejzaże wzbudzające głębokie emocje, melancholię i nostalgię. Przedstawiają świat (**3**) _____ zapominany; świat Kresów[1], świat polskiej wsi – ludzi, (**4**) _____ i tradycje.

(**5**) _____ popularnym jest obraz pt. „Bociany" Józefa Chełmońskiego. Na obrazie dwie postacie, dojrzały mężczyzna i młody chłopiec, przyglądają się kluczowi bocianów[2] (**6**) _____ szybujących[3] na błękitnym niebie. (**7**) _____ popularny jest inny (**8**) _____ Chełmońskiego– „Czwórka" – (**9**) _____ przedstawia pędzący zaprzęg konny (zaprzężony[4] w cztery konie – stąd czwórka[5]).

Niemniej popularne wśród zwiedzających są (**10**) _____ Juliana Fałata. Fałat jak nikt inny potrafił malować śnieg. Na wystawie jest (**11**) _____ pejzaży zimowych Fałata.

Dla miłośników Krakowa i Tatr wystawa oferuje kilkanaście obrazów Leona Wyczółkowskiego – (**12**) _____ namalowane (**13**) _____ _____ oddają ich magiczną atmosferę.

[1] **Kresy** (*Borderlands*) – *the term that refers to lands which used to belong to Poland and today lie in western Ukraine, western Belarus, Estonia, Latvia and Lithuania. Historical and cultural heritage of* **Kresy** *is very important in Poland. The greatest Polish poets such as Adam Mickiewicz and Juliusz Słowacki were born in* **Kresy** *as well as other prominent Poles such as Joseph Conrad, Tadeusz Kościuszko, Ignacy Paderewski, King Jan III Sobieski, Józef Piłsudski and Karol Szymanowski.* **Kresy** *were the inspiration for many Polish painters such as Józef Chełmoński. Although no longer part of Poland, these areas are inhabited by large Polish communities, which cultivate strong Polish identity.*

[2] **bociany** (*storks*)

[3] **szybować** (*to glide*)

[4] **zaprzęg** (*horse-drawn carriage*)

[5] **czwórka** (*here: four-in-hand*)

Bociany by Józef Chełmoński, 1900 / Muzeum Narodowe w Warszawie / Public Domain

Czwórka by Józef Chełmoński, 1881 / National Museum in Krakow

📖 Reading

I   **Read the text and answer these questions in Polish.**

1   Jakie hobby ma Henryk?_____
2   Jaki jest tytuł wystawy?_____
3   Jak często Henryk bierze udział w konkursach?_____

Henryk zaprasza Anię na wystawę fotograficzną "Polska znana i nieznana" w Krakowie.

Henryk interesuje się fotografiką i co roku bierze udział w wystawach i konkursach. W tym roku bierze udział w wystawie fotograficznej pod tytułem „Polska znana i nieznana". W wystawie, obok najbardziej znanych fotografików takich jak Adam Bujak, biorą udział fotograficy amatorzy.

Fotografie pokazane na wystawie dobrze oddają różnorodność polskiego krajobrazu; przedstawiają gęste lasy, moczary, malownicze jeziora, wybrzeże morza, a nawet pustynię. Są fotografie potężnych zamków, eleganckich pałaców i romantycznych ruin. Wiele fotografii przedstawia miejsca bardzo znane i chętnie odwiedzane przez turystów, takie jak: Kraków, Warszawa, Wrocław czy Poznań. Jest jednak coraz więcej widoków miejsc mniej popularnych, ale równie pięknych, które robią niesamowite wrażenie. Na przykład: Krzywy Las niedaleko Gryfina, Góry Stołowe w Sudetach, Przylądek Stilo czy wyspa Wolin nad Morzem Bałtyckim.

Henryk lubi fotografować miejsca mało znane, z dala od turystycznych szlaków. Często odwiedza Podlasie – region we wschodniej Polsce. Zawsze zatrzymuje się w Zaborku – posiadłości malowniczo położonej niedaleko słynnej stadniny koni w Janowie Podlaskim i dlatego chętnie odwiedzanej przez najbogatszych amatorów koni.

W tym roku jednak Henryk zdobył pierwszą nagrodę za zdjęcie ruin kościoła na klifie nad Bałtykiem.

Henryk najchętniej fotografuje o świcie lub o zachodzie słońca. Najmniej przyjemności sprawia mu fotografowanie w zatłoczonych miastach.

biorą udział	*they take part*
różnorodność	*variety*
stadnina koni	*riding stable / stud farm*
kościół na klifie	*church on the cliff*
sprawiać komuś przyjemność	*to please someone*
sprawiać przyjemność	*to enjoy*

J   Read the text again and answer these questions.

1   Jak nazywa się słynny polski fotograf?_____

2   Czy bierze udział w wystawie?_____

3   Jakie są mniej popularne miejsca fotografowane i prezentowane
     na wystawie?_____

4   Jakie miejsca Henryk lubi fotografować?_____

5   Gdzie jest Zaborek?_____

6   Co przedstawia zdjęcie, za które Henryk otrzymał pierwszą nagrodę?_____

K   Match the nouns with adjectives in the box.

zimowy	gęste	głęboki	romantyczny	strome	tajemnicze

1   pejzaż_____

2   krajobraz_____

3   lasy_____

4   moczary_____

5   góry_____

6   wąwóz_____

*Remember to think about building 'families'
of words. What words would go with*
**krajobraz – romantyczny, zimowy, górski,
nadmorski, wiejski, miejski,** *etc.?*

*Search the Internet for pictures of different
places in Poland. Try to imagine yourself in
them. Describe them to your friends in Polish.*

L Complete the dialogue between Henryk and Ania. Replace the English phrases in brackets with the Polish ones.

Ania:	Gratuluję ci pierwszej nagrody!
Henryk:	(*Thank you*) (**1**)_____.
Ania:	Twoje zdjęcie robi niesamowite wrażenie. (*When did you take it?*) (**2**)_____.
Henryk:	(*In autumn last year*) (**3**)_____, podczas sztormu na Bałtyku. (*The weather was terrible*) (**4**)_____. Warunki do robienia zdjęć (*were very difficult*) (**5**)_____, ale za to atmosfera była niepowtarzalna.
Ania:	Kościół na klifie to (*very interesting place*) (**6**)_____.
Henryk:	Tak, znam je z dzieciństwa. (*I used to spend holidays on the Baltic coast*) (**7**)_____ z rodzicami. Ruiny kościoła zawsze (*looked very mysteriously*) (**8**)_____.
Ania:	W Polsce jest tyle interesujących miejsc!

M Look at the travel brochures for holidays in Poland. Match them with the following activities.

1 go to the seaside _____

2 explore the caves _____

3 visit the mountains _____

4 go for a horse-riding holiday _____

A

> A może nad morze?
>
> Plaże, słońce i piasek. Wakacje nad Bałtykiem. Atrakcyjne ceny!

B

> Wakacje dla amatorów jazdy konnej.
>
> Malownicze krajobraz Podlasia i wizyta w słynnej stadninie w Janowie Podlaskim.

C

> Atrakcyjne obozy wakacyjne dla dzieci i młodzieży pod okiem doświadczonych instruktorów. Główna atrakcja to wyprawa do Jaskini Niedźwiedziej w Górach Stołowych.

D

> Atrakcyjne domki letniskowe w Tatrach z widokiem na Giewont.
>
> Wycieczki w góry z przewodnikiem.

N   Look at the titles of the paintings in the box. Then answer the questions.

| Przed burzą | Giewont o świcie | Szczyt Mnich w śniegu |

1   Which one refers to scenery at dawn? _____
2   Which one describes a peak covered by snow? _____
3   Which one shows time before storm? _____

Writing

O   Choose a picture of a landscape that you find attractive. Describe the landscape in Polish. Describe if it is mountainous or coastal. Explain what impression it makes on you (romantic or mysterious). Explain why you would you like to visit the place. (80–100 words)

_____

_____

_____

_____

_____

_____

_____

_____

_____

_____

_____

Self-check

Tick the box that matches your level of confidence.

1 = very confident   2 = need more practice   3 = need a lot of practice

Zaznacz opcję, która najbardziej odpowiada twojemu poziomowi.

1 = pewny siebie /   2 = potrzebuję   3 = potrzebuję dużo praktyki
    pewna siebie;   więcej praktyki;

	1	2	3
Can use adverbs and adverbial phrases of degree, modification and frequency.			
Can understand expressions about art.			
Can understand a text about Polish art and art history. (CEFR B2).			
Can write a descriptive text about a landscape. (CEFR B2).			

15 Bohater, który uratował mi życie

A hero who saved my life

In this unit you will learn how to:

- ✓ Use relative pronouns: który, która, które *(who, which, that)*.
- ✓ Describe things that are banned, forbidden or forgotten.

CEFR: Can understand texts about Polish history (CEFR B2); Can write a short biography of an inspiring, famous Pole (CEFR B2).

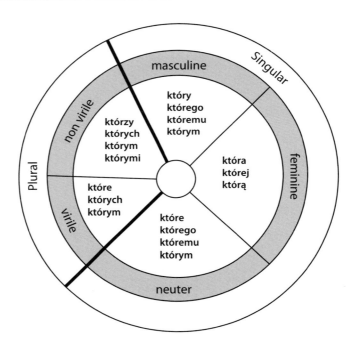

Meaning and usage

Relative pronouns **który, która, które** *(who, which, that)*

1. A pronoun (**zaimek** in Polish) is a word that stands for or refers to a noun. There are a number of different types of pronouns: personal (**ja**, **ty**, **on**, **ona**), possessive (**mój**, **moja**, **twój**, **twoja**) or reflexive (**się**, **sobie**) just to name a few.

   Of interest to us in this unit are relative pronouns (**zaimki względne**): **który**, **która**, **które** *(who, which, that)*.

You will often find relative pronouns in titles and headlines.

Człowiek, <u>który</u> umarł sześć razy. (*A man who died six times.*)

Susza odsłoniła dąb, <u>który</u> jest starszy niż Polska! (*A drought has revealed the remains of an oak which is older than Poland!*)

Komputer, <u>który</u> myśli jak człowiek! (*Computer which thinks like a man!*)

Laureaci konkursu „Policjant, <u>który</u> mi pomógł". (*The winners of the competition – 'The Police officer who helped me'.*)

Bohater, <u>który</u> uratował mi życie. (*The hero who saved my life.*)

Internauci uratowali bezdomną rodzinę. Wirtualna akcja, <u>która</u> przyniosła realną pomoc. (*The Internet users who saved a homeless family. A virtual action which brought real help.*)

Powieść, <u>która</u> wzbudziła sensację. (*The novel which caused sensation.*)

---

2   Relative pronouns perform three functions:

► they act as a substitute for a noun (like any other pronoun)
► they act as a joining word for two clauses
► they introduce a part of the sentence which tells us more about the subject.

Książki, które trzeba znać. (*Books [that] you need to know.*)

Muzyka, która leczy. (*Music that heals.*)

Dzieła, które nawiązują do mitologii. (*Works of art that make reference to mythology.*)

Because pronouns are closely associated with nouns, they behave like nouns (reflexive pronouns are the exception). In other words, they decline according to the gender, number and the case of the noun they replace or refer to.

Cases	Masculine	Feminine	Neuter	Plural
Nominative	który	która	które	(virile) ktwith órzy (non viral) które
Genitive	którego	której	którego	których
Dative	któremu	której	któremu	którym
Accusative	(animate) którego (inanimate) który	którą	które	(virile) których (non-virile) które
Instrumental	którym	którą	którym	którymi
Locative	(o) którym	(o) której	(o) którym	(o) których

A Look at the book titles. Choose an appropriate pronoun in brackets to complete the titles.

1 „Człowiek, (który/która) był Czwartkiem".
2 „Dzień, (które/który) zmienił moje życie".
3 „Pięć postanowień, (których/którym) można dotrzymać".
4 „Obrazy, (które/których) trzeba znać".
5 „Nike, (która/który) się waha".
6 „Książki, (którym/które) warto przeczytać".
7 „Sposób, (które/który) zapewni ci sukces".

B Complete the sentences with an appropriate pronoun. In brackets you have prompts indicating which case to use.

1 Dzień, (genitive) _____ nie zapomnimy.
2 Widok, (genitive) _____ nie zapomnę.
3 Literatura, (locative) o _____ nie miałem pojęcia.
4 Historia, (genitive) _____ nie znałem.
5 Wydarzenia, (nominative) _____ zmieniły świat.

> Find some newspaper headlines which use relative clauses (which, who, that) and try to translate them into Polish. Also look for titles of books – lifestyle guides often use this grammatical construction in titles.

C Insert the appropriate pronoun in the gaps. Choose from the words in the box. Some words will be used more than once.

który	która	które	których	którym	której

Lekarz, (**1**) _____ wymyślił rekreację dla dzieci.

Doktor Henryk Jordan był lekarzem i filantropem, (**2**) _____ rozwijał ideę kształcenia młodzieży przez kulturę fizyczną. Urodził się w 1842 roku w Przemyślu, w czasie kiedy Polska nie istniała jako niepodległe państwo. Przemyśl był w zaborze austriackim i wyjazd do stolicy oznaczał wyjazd do Wiednia. Henryk postanowił studiować medycynę, ale chciał także podróżować. W 1867 roku wyruszył w długą podróż, (**3**) _____ zmieniła jego życie. Wyjechał do Stanów Zjednoczonych. Kiedy mieszkał w Nowym Jorku założył praktykę lekarską, (**4**) _____ przyniosła mu popularność i pieniądze. Kiedy wrócił do Polski założył pierwszy w Europie park zabaw dla dzieci, (**5**) _____ miał służyć rekreacji i zdrowiu młodych ludzi. Chciał zapewnić dzieciom, (**6**) _____ mieszkały w ciasnych, trudnych warunkach, ruch na świeżym powietrzu. Zaplanował w parku boiska i place, (**7**) na _____ grano w piłkę nożną, krykieta i krokieta, ćwiczono rzut oszczepem i łucznictwo. Były też korty, (**8**) na _____ młodzież grała w tenisa. Zbudowano sztuczne jezioro, (**9**) na _____ ćwiczono wioślarstwo. Założono prysznice, szatnie i kryte sale gimnastyczne, (**10**) z _____ wszyscy mogli korzystać. Zbudowano też mleczarnię, (**11**) w_____ dzieci mogły dostać szklankę mleka. Dzieci, (**12**) _____ osiągały najlepsze wyniki sportowe otrzymywały od Doktora Jordana książeczki oszczędnościowe z sumą pięciu guldenów.

Doktor Jordan był nie tylko lekarzem, ale i gorącym patriotą. Marzył o niepodległej Polsce. Chciał, aby dzieci i młodzież były nie tylko zdrowe fizycznie, ale silne duchowo i znały polską historię. Dlatego w parku ustawił 44 pomniki wielkich Polaków, (**13**) przy _____ opowiadał dzieciom o historii Polski.

zabór (zabory)	*Partitions were a series of three partitions of the Polish-Lithuanian Commonwealth which took place between 1772 and 1795 and ended the existence of the Polish state for 123 years. The English term Partitions refers to two Polish terms – **rozbiory** and **zabory**. **Rozbiory** refers to the acts of annexation while **zabór** (plural **zabory**) refers to each part of the Commonwealth annexed by Russia, Prussia and Austria; in Polish these are: **zabór rosyjski**, **zabór pruski** and **zabór austriacki**.*
rzut oszczepem	*javelin throw*
mleczarnia	*dairy*
książeczki oszczędnościowe	*savings account*

D Look at the sentences. Identify which word can be used instead of który and in what context.

1 Dom, w którym mieszkali był mały.
2 Dom, gdzie mieszkali był mały.
3 Siedział w salonie, w którym było ciemno.
4 Siedział w salonie, gdzie były ciemno.
5 Byłem w muzeum, w którym są antyczne dzieła sztuki.
6 Byłem w muzeum, gdzie są antyczne dzieła sztuki.

Vocabulary

Talking about things that are banned, forbidden and forgotten

Jest zabronione. / Jest zakazane. / Nie wolno.

(*It's forbidden. / It's banned. / It's not allowed.*)

(Nie) wolno + być + verb (for past and future tense)

(*It was not allowed. / It will not be allowed.*)

Nie wolno + verb – (for present tense)

(*It is not allowed.*)

Nie wolno było + słuchać/mówić/czytać/pisać/wystawiać/oglądać.

(*It was not allowed to + listen/speak/read/write/perform/watch.*)

Nie wolno było słuchać muzyki.

(*It was not allowed to listen to music. / Listening to music was banned.*)

Nie wolo było czytać polskich książek.

(*It was not allowed to read Polish books. / Reading Polish books was banned.*)

Nie wolno będzie palić papierosów.

(*It will not be allowed to smoke. / Smoking will be banned.*)

Nie wolno pić alkoholu.

(*It is not allowed to drink alcohol. / Drinking alcohol is banned.*)

Nie wolno palić papierosów.

(*Smoking is not allowed. / Smoking is forbidden/banned.*)

Nie wolno przemycać narkotyków.

(*It is not allowed to smuggle drugs. / Smuggling drugs is forbidden.*)

E   Translate the sentences into Polish.

1   Listening to pop music is forbidden in some countries._____
2   Listening to music was forbidden in some countries._____
3   Taking photographs was forbidden._____
4   Swimming will be forbidden in June and July._____

When talking about things which are banned, forbidden, forgotten or not allowed, you may find the following vocabulary useful:

zakaz (*prohibition/no … e.g.* **zakaz pływania** *no swimming*)

zakazać (*to ban / to prohibit*)

zakazany (*banned/prohibited*)

zabronić (*to forbid / to ban*)

zabroniony (*forbidden/banned*)

wzbronić się (*to refrain from doing something*)

wzbroniony (*prohibited*) This is used in a more formal context (e.g. **wstęp wzbroniony** or **palenie wzbronione**). By some, it is regarded as more archaic and is often replaced by **zabroniony**.

zapomniany (*forgotten*)

The differences in meaning between **zakazany, zabroniony, wzbroniony** *and* **niedozwolony** *are subtle, so learning in context (e.g. signs) is the best way.*

F Translate the following phrases used in Polish signs into English.

1 Zakaz palenia. _____

2 Zakaz fotografowania. _____

3 Granica państwa. Przekraczanie zabronione. _____

4 Zakaz kąpieli. _____

5 Przejście wzbronione. _____

6 Wyrzucanie śmieci surowo wzbronione. _____

 Make signs like those you would see in public places, using the phrases from Activity F. Hang them around your home and try to memorize them using the visuals of the signs.

G Look at the headlines. What are they about?

1 Nowe zakazy pracy dla kobiet.

2 Kibicom grozi zakaz wstępu na stadiony.

3 Nici z grzybów. Zakaz wstępu do lasu.

4 Dziwaczne zakazy we Włoszech.

5 Futra naturalne – czas na zakaz.

6 Zakazy – jak mówić, żeby dzieci nas słuchały.

📖 Reading

H Read the text and answer the questions in Polish.

1 Co Jan pokazuje Maxowi w parku? _____

2 Jaki był cel umieszczenia w parku popiersi słynnych Polaków? _____

> Max i Jan wybrali się na spacer do Parku Jordana. Jan pokazuje Maxowi popiersia wielkich Polaków, które inspirują do poznawania polskiej historii.
>
> Max – Ten park bardzo przypomina mi posiadłość Stowe House w Anglii. Tam też są popiersia słynnych Anglików, które inspirują. Znam niektórych wielkich Polaków, na przykład Mikołaja Kopernika, Marię Skłodowską-Curie czy Jana Pawła II, ale o innych w ogóle nie słyszałem.

I Now read the rest of the conversation and answer the questions.

Jan – Nie znasz wielu postaci, bo w czasach komunizmu nie wolno było o nich mówić. Na przykład major Witold Pilecki – był jednym z największych bohaterów II wojny światowej, ale wspominanie o nim było zabronione. Usunięto jego nazwisko z książek i dokumentów, nie wolno było o nim wspominać. Chciano, aby pamięć o nim była wyklęta, stąd nazywa się go Żołnierzem Wyklętym, chociaż ja wolę nazywać go Żołnierzem Niezłomnym. Był niezwykłym człowiekiem. Warto poznać jego biografię.

Są i inne przykłady – w czasach zaborów nie wolno było czytać polskiej literatury. Dzieciom nie wolno było uczyć się o historii Polski. Język polski był zakazany. Wszystkie dokumenty urzędowe pisane były po niemiecku lub po rosyjsku.

W czasie okupacji niemieckiej w Polsce, podczas II wojny światowej, zakazane było słuchanie muzyki Chopina, którą uważano za bardzo patriotyczną. Nie wolno było słuchać radia lub czytać wiersze największych polskich poetów, Adama Mickiewicza i Juliusza Słowackiego.

Max – A mimo to Polacy zdobyli Nagrody Nobla aż cztery razy w dziedzinie literatury!

Nagle uwagę Maxa przykuwa posąg niedźwiedzia.

- Kto jest? – pyta Max?

- To jest Niedźwiedź Wojtek. Był bohaterskim żołnierzem. – wyjaśnia Jan.

- Niedźwiedź? Żołnierzem? – pyta z niedowierzaniem Max.

- Tak. Chodź. Usiądźmy. Opowiem ci jego historię.

V	Żołnierze Wyklęci	*the term, which refers to soldiers of Polish anti-communist resistance who after the official end of World War II continued the struggle against the Stalinist regime. The alternative name is Żołnierze Niezłomni.*
	bohater	*hero*
	usunąć	*to remove*
	chciano	*it was wanted / they wanted*

1 Dlaczego Max nie słyszał o niektórych wielkich Polakach?_____
2 Kim był Witold Pilecki?_____
3 Jak inaczej nazywa się Witolda Pileckiego?_____
4 Jak Jan woli go nazywać?_____
5 Dlaczego nie wolno było słuchać muzyki Chopina?_____
6 Kim jest Wojtek?_____

J Read the Polish brochures. What are they about? Complete the titles of the brochures with appropriate words and phrases from the box.

nie wolno	zabronionych	zabronione

1 Dieta bezglutenowa. Produkty dozwolone – produkty _____.
2 Jakich artykułów _____ przesyłać pocztą?
3 Lista przedmiotów _____ na pokładzie samolotu

K Translate these sentences into Polish.

1 These are the statues which inspire learning about Polish history._____
_____

2 This park reminds me of the park in New York._____
_____

3 Witold Pilecki was one of the greatest heroes of the World War II._____
_____

4 Reading Polish literature and listening to radio was banned._____
_____

5 Children are not allowed to play outdoors._____
_____

6 No swimming._____

L Match the phrases from Polish signs with the descriptions from the box.

no swimming	no playing football	no filming	no fishing	no leaving rubbish	no photography

1 zakaz kąpieli _____
2 zakaz gry w piłkę _____
3 zakaz filmowania _____
4 zakaz wędkowania _____
5 zakaz fotografowania _____
6 zakaz śmiecenia _____

Writing

M Write an email (80–100 words) to friends about an inspiring famous Pole.

If you need inspiration you can research any of the famous Poles listed here:

▶ **Writers:** Henryk Sienkiewicz, Stanisław Wyspiański, Stefanżeromski
▶ **Poets:** Zbigniew Herbert, Maria Pawlikowska-Jasnorzewska, K. I. Gałczyński
▶ **Painters:** Jan Matejko, Jacek Malczewski, Piotr Michałowski, Józef Chełmoński
▶ **Composers:** Fryderyk Chopin, Karol Szymanowski, Henryk Górecki.

_____

_____

_____

_____

_____

_____

_____

_____

Self-check

Tick the box that matches your level of confidence.

1 = very confident   2 = need more practice   3 = need a lot of practice

Zaznacz opcję, która najbardziej odpowiada twojemu poziomowi.

1 = pewny siebie / pewna siebie;   2 = potrzebuję więcej praktyki;   3 = potrzebuję dużo praktyki

	1	2	3
Can use relative pronouns **który, która, które**.			
Can talk about things which are banned, forbidden or forgotten.			
Can understand texts about Polish history. (CEFR B2).			
Can write a short biography of an inspiring, famous Pole. (CEFR B2).			

16 Prawdę mówiąc nigdy nie ma nikogo tutaj

To tell you the truth, there is never anybody here

In this unit you will learn how to:

- ✓ Use adverbial participles.
- ✓ Use adjectival participles.
- ✓ Use double and triple negatives.

CEFR: Can understand a narrative text about historical events (CEFR B2); Can narrate a detailed story in the past (CEFR B2).

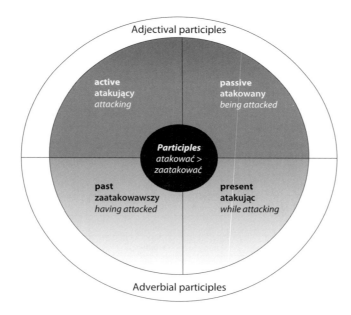

Meaning and usage

Adverbial participles

1   Participles are relatives of verbs and are divided into **adverbial participles** and **adjectival participles**.

Let's start with **adverbial participles**:

- ▶ they don't decline
- ▶ they modify a verb.

They further divide into two groups:

- ▶ **present adverbial** participles;
- ▶ **past adverbial** participles.

Present adverbial participles

2 **Present adverbial participles** are formed from imperfective verbs (hence sometimes they are called imperfective adverbial participles or imperfective gerunds) and are used where English would use the *-ing* form of a verb or *while -ing* clause. They are used when both actions take place at the same time.

czytać (*to read*) – **czytając** (*[while] reading*)

słuchać (*to listen*) – **słuchając** (*[while] listening*)

Adam czytał książkę <u>słuchając</u> muzyki. (*Adam was reading a book* while listening *to music.*)

Andrzej palił fajkę <u>czytając</u> książkę. (*Andrzej was smoking a pipe* while reading *a book.*)

How to form present adverbial participles

Present adverbial participles can be formed by adding **c** to the 3rd person plural present tense of imperfective verbs.

Imperfective verb infinitive	3rd person plural	Present active participle (+ c)	English
czytać (*read*)	czytają	czytając	(*while*) *reading*
pisać (*write*)	piszą	pisząc	(*while*) *writing*
iść (*go/walk*)	idą	idąc	(*while*) *going/walking*
mówić (*speak*)	mówią	mówiąc	(*while*) *speaking*
myśleć (*think*)	myślą	myśląc	(*while*) *thinking*
milczeć (*to be silent*)	milczą	milcząc	(*while*) *staying silent*
wołać (*to call out / cry out*)	wołają	wołając	(*while*) *calling out/crying out*

A Complete the table with the missing forms.

Imperfective verb infinitive	3rd person plural	Present active participle (+ c)	English
czekać	czekają	1 _____	(*while*) *waiting*
pracować	pracują	2 _____	(*while*) *working*
uczyć (się)	uczą	3 _____	(*while*) *teaching/learning*
robić	robią	4 _____	(*while*) *doing*
być	będą*	5 _____	(*while*) *being*

* **będą** is an exception as it the future tense form of **być**

B Complete the sentences with the correct form of *mówić, myśleć or być*.

1 Prawdę _____.

2 „_____ o Polsce" – eseje o polskiej historii i kulturze.

3 _____ znaną aktorką, wiem jaka jest cena sławy.

Past adverbial participles

1 **Past adverbial participles** are formed from perfective verbs (hence sometimes they are called perfective past adverbial participles or perfective gerunds) and are often translated into English as *having done* something. They refer to the sequence of events.

wyjść (*to leave*) – **wyszedłszy** (*having left*)

skończyć (*to finish*) – **skończywszy** (*having finished*)

Wyszedłem z biura kiedy skończyłem pracę. (*I left the office when I finished work.*)

Skończywszy pracę, wyszedłem z biura. (*Having finished work, I left the office.*)

How to form past adverbial participles

Past adverbial participles are formed from the 3rd person singular, masculine form of the past tense:

► Drop the final -ł and add -**wszy** when the stem ends in a vowel.
► Drop the final -ł and add -**łszy** when the stem ends in a consonant.

Perfective verb infinitive	3rd person sing. masculine past tense	Past adverbial participle	English
pomyśleć	pomyślał	pomyślawszy	*having thought*
przeczytać	przeczytał	przeczytawszy	*having read*
napisać	napisał	napisawszy	*having written*
powiedzieć	powiedział	powiedziawszy	*having said*
wejść	wszedł	wszedłszy	*having entered*
pójść	podszedł	poszedłszy	*having gone*

C Complete the table with the missing past adverbial participles.

Perfective verb infinitive	3rd Person sing. masculine past tense	Past adverbial participle	English
widzieć	widział	1 _____	*having seen*
posłuchać	posłuchał	2 _____	*having listened*
przyjść	przyszedł	3 _____	*having come*
sprzedać	sprzedał	4 _____	*having sold*
kupić	kupił	5 _____	*having bought*
otrzymać	otrzymał	6 _____	*having received*

Adjectival participles

The second main group of participles are **adjectival participles**.

Adjectival participles have the dual nature of both a verb and an adjective. They are formed from verbs but behave like adjectives – they decline and recognize gender and number. They are used to replace a relative clause starting with **który** (*who/which*).

Mężczyzna, który czeka na pociąg (*A man who is waiting for the train ...*)

Mężczyzna czekający na pociąg. (*A man waiting for the train ...*)

Adjectival participles modify the things or people who are active in the sentence, answering the question **jaki?** (*what kind?*). Use them when replacing clauses beginning with **który**, **która** or **które**.

dziecko, które śpi (*a child who is sleeping*)

śpiące dziecko (*a sleeping child*)

Adjectival participles are further divided into **active** and **passive adjectival participles**.

Active adjectival participles

1 **Active adjectival participles** are formed from imperfective verbs. This is why they are sometimes called imperfective active participles.

   spać (*to sleep*) – **śpiący** (*sleeping*)

Try to find the titles of pieces of art, novels, poems, and newspaper headlines, which include participles. Find illustrations to which you can give captions using participles. Can you find pictures on the Internet that would illustrate the phrases below?

2 Titles for works of art, literature, and newspaper headlines often use active adjectival participles.

   „Śpiący Staś" Stanisława Wyspiańskiego

   (*'The Sleeping Staś' by Stanisław Wyspiański*)

   „Śpiąca Ariadne" rzeźba rzymska Muzeum Watykańskie

   (*The Sleeping Ariadne Roman sculpture, the Vatican Museums*)

3 They are often translated into English as a relative clause. Who or what is performing the action?

   Mężczyzna, który pali fajkę. (*A man who is smoking a pipe.*)

   Mężczyzna palący fajkę. (*A man smoking a pipe.*)

   Samolot, który leci do Londynu. (*A plane which is flying to London.*)

   Samolot lecący do Londynu. (*A plane flying to London.*)

How to form active adjectival participles

Active adjectival participles are formed from imperfective verbs only (hence sometimes they are known as imperfective active participles) by adding a personal adjectival ending (-**y**, -**a**, -**e**) to a present adverbial participle. The term **active** refers to the fact the subject or object, which the present active participle is modifying, is **active** in the sentence in which it appears.

Imperfective verb infinitive	Present adverbial participle	Present active adjectival participle			
		masculine	feminine	neuter / non virile plural	virile plural
czytać	czytając	czytający	czytająca	czytające	czytający
pisać	pisząc	piszący	pisząca	piszące	piszący
słuchać	słuchając	słuchający	słuchająca	słuchające	słuchający
iść	idąc	idący	idąca	idące	idący

D   Complete the table with the missing forms.

Imperfective verb infinitive	Present adverbial participle	Present active adjectival participle			
		masculine	feminine	neuter / non virile plural	virile plural
pracować	pracując	_____	_____	_____	_____
siedzieć	siedząc	_____	_____	_____	_____
bawić (się)	bawiąc (się)	_____	_____	_____	_____
chodzić	chodząc	_____	_____	_____	_____

Passive adjectival participles

1   **Passive adjectival participles** correspond to English participles – for example **mówiony** (*spoken*), **pisany** (*written*), **używany** (*used*). They are used to form the passive voice.

Józio, chociaż <u>adoptowany</u>, był <u>kochany</u> przez Annę jak własny syn.

(*Józio, although adopted, was loved by Anna like her own son.*)

Podejrzany list był <u>napisany</u> odręcznie i <u>wysłany</u> z lotniska Chopina w Warszawie.

(*The suspicious letter was hand-written and sent from the Chopin Airport in Warsaw.*)

They can be further divided into present and past passive participles.

How to form passive adjectival participles

Passive adjectival participles can be formed from imperfective and perfective verbs. The ending of the participle will depend on the ending of the infinitive. The process will involve:

- ▶ dropping the -(ś)ć, -c from the infinitive,
- ▶ adding suffix -n, -on or -t
- ▶ adding the adjectival personal ending -y, -a, -e, -i.

Infinitives ending in -ać or -eć

Drop the -ć	add suffix -n	Add adjectival ending: masculine, feminine, neuter / non virile plural, virile plural	English
kochać	kocha-n	kochan-y	(being) loved
		kochan-a	
		kochan-e	
		kochan-i	
znać	znan	znan-y	(being) known
		znan-a	
		znan-e	
		znan-i	
zamykać	zamykan	zamykan-y	(being) closed
		zamykan-a	
		zamykan-e	
		zamykan-i	

Infinitives ending in -ić/-yć

Drop the -yć For -ić drop -ć	Add suffix -on	Add adjectival ending: masculine, feminine, neuter / non virile plural, virile plural	English
zmęczyć	zmęczon	zmęczony	tired
		zmęczona	
		zmęczone	
		zmęczeni	
zgubić	zgubion	zgubiony	lost
		zgubiona	
		zgubione	
		zgubieni	
zaprosić	zaproszon*	zaproszony	invited
		zaproszona	
		zaproszone	
		zaproszeni**	

* shift from **si** to **sz**
** shift from **o** to **e**

Infinitives ending in -ść/-źć and -c

Drop the -ść /-źć	Add suffix -on	Add adjectival ending: masculine, feminine, neuter / non virile plural, virile plural	English
kraść	kradzion	kradziony	stolen
		kradziona	
		kradzione	
		kradzeni	
znaleźć	znalezion	znaleziony	found
		znaleziona	
		znalezione	
		znalezieni	
zawieźć	zawiezion	zawieziony	transported
		zawieziona	
		zawiezione	
		zawiezieni	

Infinitives ending in -ąć, -nąć

Drop the -ąć, -nąć	Add suffix -ęt, -ięt (-ęci, -ięci for virile plural)	Add adjectival ending: masculine, feminine, neuter / non virile plural, virile plural	English
zacząć	zaczęt	zaczęty	begun
		zaczęta	
		zaczęte	
		zaczęci	
zamknąć	zamknięt	zamknięty	closed
		zamknięta	
		zamknięte	
		zamknięci	
zmoknąć	zmoknięt	zmoknięty	drenched
		zmoknięta	
		zmoknięte	
		zmoknięci	

E Complete the table. Insert the missing participle forms.

Verb	Adjectival		Adverbial	
	active	passive	present	past
brać				
sprzedawać				
usłyszeć				
powiedzieć				
zapłacić				
nosić				
czyścić				
piec				

F Complete the sentences with participles derived from the infinitives in the word box.

rozmyślać zamarznąć świecić odwracać się wystraszyć potłuc podnieść
się zważać biegnąć dotrzeć podnieść spadać nadwyrężyć

Był grudniowy wieczór. Wracałam od koleżanki. (**1**) _____, szłam prawie pustymi ulicami. (**2**) _____ śnieg skrzypiał pod nogami; (**3**) _____ tu i tam latarnie z trudem rozpraszały mrok. Nagle usłyszałam dziwny hałas; (**4**) _____ się gwałtownie straciłam równowagę na śliskim chodniku i upadłam. (**5**) _____ i (**6**) _____, z trudem (**7**) _____ się z upadku, pokuśtykałam dalej. Nagle hałas się powtórzył, a ja nie (**8**) _____ na niego, rzuciłam się do ucieczki. Nieliczni przechodnie ze zdziwieniem patrzyli na (**9**) _____ postać. (**10**) _____ do domu, odetchnęłam z ulgą. I wtedy hałas się powtórzył. (**11**) _____ głowę zobaczyłam (**12**) _____ z dachu śnieg. Moje nerwy są najwyraźniej (**13**) _____.

G Categorize all the participles found in the text in Activity F. They are derived from the verbs in the box. Check their meaning in the dictionary if necessary.

Participles			
Adjectival		Adverbial	
active	passive	present	past

H **Look at the examples and formulate the rule for when these participles are used.**

Don't be so personal! Past adjectival participles which end in **-o**.

Co się <u>stało</u>? (*What happened?*)

<u>Zalecano</u> wyjazd do sanatorium. (*The trip to a convalescent home was recommended.*)

<u>Dano</u> im wreszcie spokój. (*Finally, they were left in peace.*)

<u>Modlono</u> się są nich. (*They were prayed for.*)

W Warszawie <u>otwarto</u> wystawę. (*The exhibition was opened in Warsaw.*)

W Krakowie <u>zakazano</u> parkowania na chodnikach. (*Parking on pavements has been forbidden in Krakow.*)

W filmie <u>użyto</u> najnowocześniejszej techniki komputerowej. (*The most advanced computer technology was used in the film.*)

Vocabulary

Being negative

When talking about negative things, you may find the following vocabulary useful. It's worth remembering that in Polish even if you use negative pronouns such as **nic** (*nothing*) and **nikt** (*nobody*), you still need to negate the verb with **nie**.

nie ma (*there isn't / there aren't*)   **nie było** (*there wasn't*)

nie będzie (*there will not be*)   **Nie było nikogo.** (*There wasn't anybody.*)

Other useful vocabulary when describing negative things:

nigdy (*never*)   **niemożliwe** (*impossible*)

nigdzie (*nowhere*)   **niepotrzebnie** (*unnecessarily*)

To nigdy nie będzie niemożliwe. (*It will never be impossible.*)

Nigdzie nie ma nikogo. (*There isn't anybody anywhere.*)

Nic dwa razy się nie zdarza. (*Nothing happens twice.*)

Nic nie szkodzi. (*Not at all. / No harm done.*)

I **Complete the sentences with the missing words in Polish.**

1 (*Nowhere*) _____ niczego nie ma.
2 (*Never*) _____ niczego nigdzie nie brakowało.
3 (*Nobody*) _____ nie przyjdzie.
4 (*Nothing*) _____ nie robię.

 # Reading

J Read the first part of the text and answer the questions in Polish.

1 O co Krystian pyta Sean'a?_____

2 Kogo potrzeba do badań wykopaliskowych?_____

Krystian proponuje Sean'owi wyjazd do Warszawy.

Czy masz ochotę pracować jako wolontariusz? – pyta Krystian.

To zależy. – odpowiada Sean wahając się nieco.

Potrzeba archeologów, antropologów i techników kryminalistyki do badań wykopaliskowych.

Sean jest zaintrygowany.

A co będę robić? – pyta.

Pomożesz mi szukać mojego dziadka. – odpowiada Krystian.

Nie rozumiem – mówi zdziwiony Sean – Gdzie jest twój dziadek?

No właśnie – nie wiem. Dziadek był Żołnierzem Niezłomnym. Zginął w latach 50-tych (pięćdziesiątych), ale nikt nie wie gdzie jest pochowany. To długa historia.

Dobrze. – odpowiada Sean – Pomogę ci szukać dziadka.

– Jeśli nie masz nic innego do roboty, to pokażę ci coś interesującego o historii Żołnierzy Niezłomnych i projekcie, przy którym będziemy pracowali – mówi Krystian.

– Bardzo chętnie. Wiedzy nigdy nie za wiele – mówi Sean.

Krystian zostawia ulotkę o wystawie.

masz coś do roboty / nie masz nic do roboty	you've got something to do / you've got nothing to do
nic innego	nothing else
nigdy nie za wiele	never too much

K Now read the rest of the text and answer the questions.

Po południu, Krystian i Sean idą na wystawę pt. „Milcząc Wołają" otwartą w Krakowie. Wystawa jest o historii Żołnierzy Niezłomnych, którzy zostali zamordowani walcząc o niepodległość Polski. Byli ścigani, potem aresztowani, uwięzieni i straceni. Nie wiadomo gdzie są pochowani. Poznawszy historię swego dziadka, Krystian i jego brat Adam spędzają wakacje pracując; poszukując grobów i mając nadzieję, że znajdą swojego dziadka. Do Krystiana i Adama dołączyła też żona Adama, Helenka, która jest antropologiem.

Na wystawie Sean przygląda się zdjęciom Żołnierzy Niezłomnych. Jedno z nich szczególnie go zainteresowało. Mężczyzna stojący w grupie żołnierzy wydaje mu się bardzo znajomy. „Nie, to niemożliwe" – pomyślał Sean.

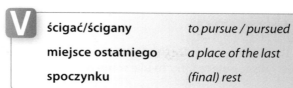

V	ścigać/ścigany	to pursue / pursued
	miejsce ostatniego	a place of the last
	spoczynku	(final) rest

1 O czym jest wystawa?_____
2 Co się stało z Żołnierzami Wyklętymi?_____
3 Co robią Krystian i Adam podczas wakacji?_____
4 Kto dołączył do nich?_____
5 Co szczególnie zainteresowało Sean'a na wystawie?_____

L Find all participles in the text and highlight them. Then find all the negatives in the text and circle them.

M Translate the sentences into Polish.

1 There is nobody here. _____
2 No! It's impossible! _____
3 Nobody knows where he is. _____
4 Nothing can be done about it. _____

N Complete the sentences with the correct word from the box.

nikomu	nigdzie	nie wolno	nic	nikt

1 _____ nas nie odwiedza.
2 _____ nie można kupić jabłek.
3 Nie można _____ wierzyć.
4 _____ mu wychodzić z domu.
5 _____ dwa razy się nie zdarza.

O Translate the sentences into English.

1 Nic tu nie widać. _____
2 Nie rozmawiam z nikim o tej sprawie. _____
3 Nigdy nie wiedziałem o tym. _____
4 Nikt nikomu nigdzie nigdy niczego nie zabraniał. _____

# Writing

P   Write a short story (80–100 words) about an event where you were frightened, surprised or
    disappointed. Try to use some of the words in the box.

| idąc   myśląc   czytając   siedząc   jadąc   spacerując   słuchając |
| gotując   jedząc   zobaczywszy   znalazłszy   poznawszy   zrobiwszy |
| wysłuchawszy   zainteresowany   zaintrygowany   przestraszony   przerażony |
| zdumiony   rozczarowany   zdziwiony |

_____

_____

_____

_____

_____

_____

_____

Self-check

Tick the box that matches your level of confidence.

   1 = very confident;   2 = need more practice;   3 = need a lot of practice

Zaznacz opcję, która najbardziej odpowiada twojemu poziomowi.

   1 = pewny siebie /   2 = potrzebuję więcej   3 = potrzebuję dużo praktyki
       pewna siebie;   praktyki;

	1	2	3
Can use adverbial participles.			
Can use adjectival participles.			
Can use negatives in Polish.			
Can understand a narrative text about historical events. (CEFR B2).			
Can narrate a detailed story in the past. (CEFR B2).			

17 Anglicy, Polacy, żołnierze i złotnicy

The English, the Poles, the soldiers and the goldsmiths

In this unit you will learn how to:

- ✓ Use masculine, feminine and neuter plural nouns.
- ✓ Use plural forms of nationalities and professions.
- ✓ Use irregular plurals.

CEFR: Can understand texts about more detailed family background and history (CEFR B2); Can write a short report about family members and ancestors (CEFR B2).

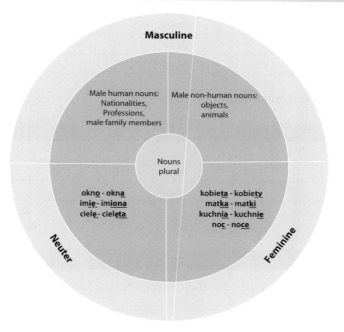

Masculine

Male human nouns:
Nationalities,
Professions,
male family members

Male non-human nouns:
objects,
animals

Nouns
plural

okn<u>o</u> - okn<u>a</u>
imi<u>ę</u> - im<u>iona</u>
ciel<u>ę</u> - ciel<u>ęta</u>

kobie<u>ta</u> - kobie<u>ty</u>
ma<u>tka</u> - ma<u>tki</u>
kuch<u>nia</u> - kuch<u>nie</u>
no<u>c</u> - no<u>ce</u>

Neuter

Feminine

Meaning and usage

Plural nouns

A **Read the following sentences. Identify what the underlined nouns have in common.**

„Ludzie przemijają, wspomnienia zostają na zawsze". (<u>People</u> pass away, <u>memories</u> stay forever.)

„Aforyzmy, przysłowia i złote myśli." (<u>Aphorisms</u>, <u>proverbs</u> and <u>words</u> of wisdom.)

Tu kupisz bilety autobusowe. (You can buy bus <u>tickets</u> here.)

Plural nouns are used frequently in everyday language. You will see them in newspaper and book titles, public signs and notices and hear them in everyday conversations.

Plural nouns in Polish are a little bit more complex than they are in English.

How to form plural nouns

The ending of a plural noun depends on its gender (masculine, feminine or neuter), as well as the ending of the noun in basic nominative case. There is also a small group of nouns which either have an irregular plural form or which exist only in plural forms.

Masculine plural nouns

Note that for masculine nouns, it also matters if they are *male* human nouns (such as male family members, male professionals or male nationals) or non-male human nouns (objects or animals).

1   For masculine nouns ending in a hard consonant (b, p, f, w, m, ł, t, d, s, z, n, r) except **-k** or **-g**, add **-y**. Be mindful though of vowel alterations **ó** = **o** and **ą** = **ę**.

Singular form	Plural form	English
obraz	obrazy	*paintings*
dom	domy	*houses*
kot	koty	*cats*

2   For masculine nouns ending in **-k** or **-g**, add **-i**.

Singular form	Plural form	English
przewodnik	przewodniki	*guides (books)*
bank	banki	*banks*
pociąg	pociągi	*trains*

3   For masculine nouns ending in **-j**, **-l**, **-c**, **-cz**, **-sz**, **-rz**, **-ż** and **-dż**, add **-e**.

Singular form	Plural form	English
hotel	hotele	*hotels*
klucz	klucze	*keys*
bagaż	bagaże	*baggage*

4   For nouns ending in accented consonant (**-ć**, **-ś**, **-dź**), add **-ie** (the accent is replaced by **-i**).

Singular form	Plural form	English
koń	konie	*horses*
tydzień	tygodnie	*weeks*
gość	goście	*guests*

B Complete the sentences with the appropriate plural forms of the nouns in brackets.

1 Jedziemy na wakacje za dwa_____ (tydzień).
2 Czy są jakieś tanie_____ (hotel) w mieście?
3 _____ (Pociąg) jeżdżą często do Warszawy.
4 O której przychodzą_____ (gość)?
5 Zgubiłem_____ (klucz).

Male human plural forms

Plural nouns for nationalities, professions and male family members also change in the masculine form. The endings are less predictable and have frequent letter alterations. Although there are rules which govern the modifications, they are quite complex, and for that reason, it is best to learn the nouns according to their function.

Nationalities		
Singular form	**Plural form**	**English**
Szwed	Szwedzi	*the Swedish*
Polak	Polacy	*the Poles*
Anglik	Anglicy	*the English*
Holender	Holendrzy	*the Dutch*
Włoch	Włosi	*the Italians*

Family members		
Singular form	**Plural form**	**English**
ojciec	ojcowie	*fathers*
brat	bracia	*brothers*
dziadek	dziadkowie	*grandfathers*
mąż	mężowie	*husbands*

Try to find a world map and label some countries in Polish (you can use a dictionary). Then label the nationalities for each country as well. You can mark the countries from which nationalities have similar grammatical pattern in a similar colour. For example, China, Australia and Canada can be the same colour – to help you learn that **Chińczyk**, **Australijczyk** *and* **Kanadyjczyk** *have similar endings.*

Professions		
Singular form	**Plural form**	**English**
lekarz	lekarze	*doctors*
architekt	architekci	*architects*
pilot	piloci	*pilots*
ogrodnik	ogrodnicy	*gardeners*

C Complete the sentences with a noun in brackets in the correct plural form.

1 Anglicy często pracują jako_____ (*gardeners*).
2 Poszukiwani są do pracy:_____ (*doctors*),_____ (*archeologists*)
  i_____ (*architects*).
3 Paweł i Rafał to moi_____ (*brothers*).
4 _____ (*Husbands*) Ewy i Hanki są Włochami.

You can arrange nationalities and professions (or other nouns) into groups of two or three to learn the endings by heart, like a short rhyme. You can invent short stories – the more ridiculous, the better, as they are easier to remember with a bit of humour.

Holendrzy doktorzy autorzy (*[singular]* – **Holender, doktor, autor**)

Szwedzi sąsiedzi (**Szwed, sąsiad**)

Grecy mechanicy ogrodnicy (**Grek, mechanik, ogrodnik**)

Norwedzy* koledzy stomatolodzy (**Norweg, kolega, stomatolog**)

Węgrzy kelnerzy fryzjerzy (**Węgier, kelner, fryzjer**)

Szkoci poeci piloci (**Szkot, poeta, pilot**)

*Note: The singular form **Norweg** *has two acceptable forms in plural:* **Norwegowie** *and* **Norwedzy. Norwegowie** *is a bit more common, but both forms are correct.*

D Complete the table with the missing plural forms.

Singular form	Plural form	English
pokój	1_____	room
parasol	2_____	umbrella
tysiąc	3_____	thousand
miesiąc	4_____	month
gaz	5_____	gas
ślad	6_____	trace/footprint
numer	7_____	number
sklep	8_____	shop
lekarz	9_____	doctor

Feminine plural nouns

Unlike masculine nouns, feminine nouns do not distinguish between human and non-human nouns. The plural form will depend on the ending of the noun.

1 For nouns ending in a consonant + **a** (i.e. **-ta**, **-wa**, **-na**, -pa, etc.), add **-y** in the plural.

Singular form	Plural form	English
kobieta	kobiety	*women*
gwiazda	gwiazdy	*stars*
kawa	kawy	*coffees*
szafa	szafy	*wardrobes*

2 Nouns ending in **-ka** or **-ga** have plural endings **-ki** and **-gi**. (Remember that in Polish **k** or **g** cannot be followed by **y**, so they are always followed by **i**.)

Singular form	Plural form	English
matka	matki	*mothers*
droga	drogi	*roads*
Polka	Polki	*Polish women*

3 Nouns ending in **-ia** have the ending **-ie** in the plural.

Singular form	Plural form	English
kuchnia	kuchnie	*kitchens*
historia	historie	*histories*
babcia	babcie	*grandmas*

4 For nouns ending in **-c**, **-ca**, **-cz**, **-rz**, **-rza**, **-sza**, **-ż**, **-ża**, **-dż**, add **-e** in the plural.

Singular form	Plural form	English
noc	noce	*nights*
ulica	ulice	*streets*
podróż	podróże	*journeys*

E **Complete the table with the missing plural noun forms.**

Singular form	Plural form	English
córka	1_____	*daughters*
noga	2_____	*legs*
ryba	3_____	*fish*
strona	4_____	*pages/sides*
figa	5_____	*figs*
stacja	6_____	*stations*
niedziela	7_____	*Sundays*
Angielka	8_____	*English women*
grusza	9_____	*pear tree*

Neuter nouns

1 Neuter nouns ending in **-o**, **-e**, **-ie** or **-um** end in **-a** in the plural.

Singular form	Plural form	English
okno	okna	*window*
mieszkanie	mieszkania	*flat*
jabłko	jabłka	*apples*
muzeum	muzea	*museums*

2 For neuter nouns ending in **-ię**, extend **-ię** to **-iona**.

Singular form	Plural form	English
imię	imiona	*first names*
ramię	ramiona	*arms*
plemię	plemiona	*tribes*

3 For nouns ending in **-ę** (alone), extend **-ę** to **-ęta**.

Singular form	Plural form	English
cielę	cielęta	*calves*
zwierzę	zwierzęta	*animals*
niemowlę	niemowlęta	*babies*

F Complete the table with the missing plural noun forms.

Singular form	Plural form	English
krzesło	1_____	*chairs*
kino	2_____	*cinemas*
radio	3_____	*radios*
nazwisko	4_____	*surnames*

G Look at the following nouns. Identify what they have grammatically in common.

usta (*mouth*)   **finanse** (*finance*)

skrzypce (*violin*)   **wakacje** (*holidays*)

nożyce (*scissors*)   **okulary** (*glasses*)

urodziny (*birthday*)   **drzwi** (*door*)

imieniny (*name day*)   **schody** (*stairs*)

H Complete the text with the words in brackets in the correct plural form.

Rodzina Kossaków to jeden z najsłynniejszych polskich rodów – wśród nich byli słynni polscy
(**1**) _____ (malarz) (**2**) _____ (artysta) (**3**) _____ (pisarz)
(**4**) _____ , (muzyk) (**5**) _____ i (naukowiec).

Juliusz Kossak, jego (**6**) _____ (syn), Wojciech i Tadeusz, wnuczek Jerzy i (**7**) _____ (wnuczka)
zyskali sławę. Wojciech, jako malarz scen batalistycznych, Tadeusz jako polityk, a wnuczki: Maria
Pawlikowska-Jasnorzewska, Magdalena Samozwaniec i Zofia Kossak-Szczucka, jako (**8**) _____ (pisarka).

Vocabulary

Professions and nationalities

I Find all the professions, nationalities and countries and highlight them in the following
text. Then write them in the appropriate column in the table.

Emigranci i imigranci

Rzeczpospolita w siedemnastym wieku była krajem atrakcyjnym dla cudzoziemców.
Liberalne prawo i powszechna tolerancja religijna przyciągała imigrantów z innych
części Europy. Jedni szukali schronienia przed prześladowaniem, inni szukali fortuny. Byli
żołnierzami, kupcami, inżynierami, architektami, malarzami i kucharzami. Szkoci, Anglicy,
Niemcy, Rosjanie, Żydzi, Francuzi i Włosi chętnie osiedlali się w Polsce.

Po upadku Rzeczpospolitej w osiemnastym wieku to Polacy z kolei stali się narodem
emigrantów. Prześladowani za walkę za niepodległość, skazywani byli na przymusową
emigrację. Osiedlali się w różnych częściach świata i ofiarowali wykształcenie, talent i
innowacyjność przybranym ojczyznom. Maria Skłodowska-Curie – Francji, Joseph Conrad
– Anglii, Paweł Strzelecki – Australii, Kazimierz Funk i Antoni Patek – Szwajcarii, Ignacy
Domejko – Chile, Tadeusz Kościuszko i Kazimierz Pułaski – Ameryce.

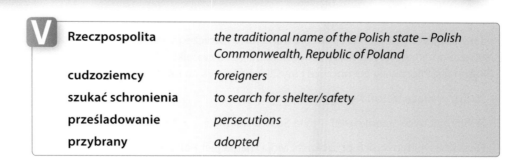

V	**Rzeczpospolita**	*the traditional name of the Polish state – Polish Commonwealth, Republic of Poland*
	cudzoziemcy	*foreigners*
	szukać schronienia	*to search for shelter/safety*
	prześladowanie	*persecutions*
	przybrany	*adopted*

Professions	Nationalities	Countries

📖 Reading

J **Read the text and answer the questions in Polish.**

1 Kim jest Agnieszka?_____

2 Gdzie mieszka Agnieszka?_____

Sean, Krystian, Adam i Helenka przyjechali do Warszawy. Zatrzymują się u Agnieszki, kuzynki Helenki. Agnieszka ma obszerne mieszkanie w centrum Warszawy w starej kamienicy. Jest historykiem sztuki i konserwatorem zabytków, ale także jest wolontariuszką w projekcie poszukiwania grobów Żołnierzy Niezłomnych.

Wieczorem, przy kolacji wszyscy rozmawiają o projekcie i innych wolontariuszach.

– Czy wszyscy wolontariusze są Polakami? – pyta Sean.

– Nie – odpowiada Krystian – wśród wolontariuszy są Anglicy, Amerykanie, Kanadyjczycy, Włosi, Holendrzy i Niemcy. Niektórzy są polskiego pochodzenia, ale inni nie mają żadnych związków rodzinnych z Polską.

– Agnieszko, czy twoi krewni też byli Żołnierzami Niezłomnymi?

– Nie, ale mój dziadek walczył i zginął w Powstaniu Warszawskim. Mój stryj był pilotem i walczył w bitwie o Anglię.

– Wiem, że wielu Polaków było pilotami w RAF-ie. – mówi Sean.

– Nie tylko mężczyźni byli pilotami. Kobiety też były pilotami – mówi Agnieszka.

– W RAF-ie? – pyta z niedowierzaniem Adam.

– Tak. Służyły w pomocniczej służbie transportu lotniczego – wyjaśnia Agnieszka – Brytyjki, Kanadyjki, Nowozelandki, Amerykanki, Holenderki, Chilijki i trzy Polki – Anna Leska, Jadwiga Piłsudska i Stefania Wojtunalis. Pilotowały bombowce i myśliwce z fabryk na lotniska polowe lub maszyny do remontu.

– To fascynująca historia – mówi Sean.

– A kim byli twoi przodkowie? – pyta Sean'a Adam.

– Niewiele wiem o moich przodkach. Moja mama jest Polką, a tato jest Anglikiem. W mojej rodzinie są Irlandczycy, Szkoci i Walijczycy.

– No i Polacy – dodaje Helenka.

– A w mojej rodzinie są Australijczycy, Amerykanie i Francuzi – mówi Agnieszka.

V	RAF	Royal Air Force
	myśliwce	fighter aircrafts
	lotniska polowe	airfields
	do remontu	for repair/maintenance

Acronyms in Polish can behave as ordinary nouns. That is, they acquire gender and are declined. In Polish **RAF** *is pronounced [raf] – it has acquired characteristics of a masculine noun and it declines as such.*

N. RAF	**G. RAF-u**
D. RAF-owi	**A. RAF**
I. RAF-em	**L. RAF-ie**

If the acronym is used in a particular case in a sentence, the main letters of the acronym are spelt in capitals and separated from the ending, spelt in lower case, by a hyphen.

K   Read the text again and answer the questions.

1   Czy wszyscy wolontariusze są Polakami?_____

2   Wolontariusze z jakich krajów pracują przy projekcie?_____

3   Podaj dwa wydarzenia historyczne z okresu II wojny światowej wymienione w tekście?_____

4   Ilu polskich pilotów służyło RAF-ie?_____

5   Prawda czy fałsz – pilotki z Nowej Zelandii służyły w RAF-ie?_____

L   Translate the sentences into Polish.

1   Polish women were pilots._____

2   There are English, Americans and Canadians among the volunteers._____
_____

3   I don't know much about my ancestors._____

4   My father died in the Warsaw Uprising._____

5   My uncle fought in the Battle of Britain._____

6   Have you got any relatives in England? _____

7   Scots in Poland were merchants. _____

8   Many Italians are artists. _____

9   Poland was an attractive country for foreigners. _____

10   My ancestors were soldiers, goldsmiths and architects. _____

 # Writing

M Do a little research and write a short report (80–100 words) about your ancestors. Have you got members of the family who were immigrants from another country? What were their professions? If you do not know the details, make them up! What family roots would you like to have? Who would you like your ancestors to be – famous people? Explorers, composers, writers, artists?

You can use phrases such as:

mój ojciec, dziadek, pra-dziadek, kuzyn, przodek był …

moja mama, babcia, pra-babcia, kuzynka była …

urodził/urodziła się w …

mieszkał/mieszkała/mieszkali w …

moja rodzina pochodzi z …

jestem spokrewniony/spokrewniona z …

_____

_____

_____

_____

_____

_____

Self-check

Tick the box that matches your level of confidence.

1 = very confident;   2 = need more practice;   3 = need a lot of practice

Zaznacz opcję, która najbardziej odpowiada twojemu poziomowi.

1 = pewny siebie / pewna siebie;   2 = potrzebuję więcej praktyki;   3 = potrzebuję dużo praktyki

	1	2	3
Can form and use masculine, feminine and neuter plural nouns.			
Can use irregular plurals.			
Can talk about professions and nationalities.			
Can understand texts about more detailed family background and history. (CEFR B2).			
Can write a short report about family members and ancestors. (CEFR B2).			

18 Czas w sporcie i historii
Times in sport and history

In this unit you will learn how to:

- ✓ Use cardinal numbers.
- ✓ Use ordinal numbers.

CEFR: Can understand longer texts about sport and sporting achievements (CEFR B2); Can write a blog post describing one's double life (CEFR B2).

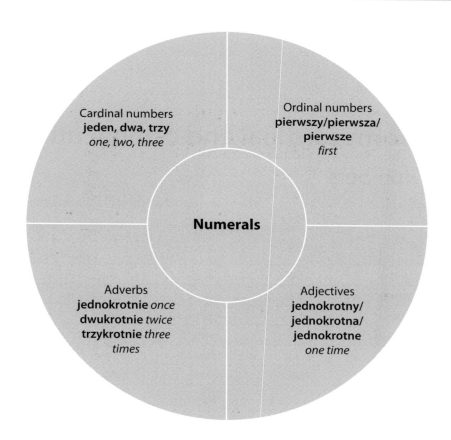

Meaning and usage

Cardinal and ordinal numbers

1   Numerals are broadly divided into two groups – cardinal numbers and ordinal numbers.

Cardinal numbers denote quantity (*one, two, three*, etc.)

Mam <u>trzydzieści</u> lat. (*I'm <u>thirty</u> years old.*)

Ewa ma <u>cztery</u> córki. (*Ewa has <u>four</u> daughters.*)

W moim domu są <u>cztery</u> pokoje. (*There are <u>four</u> rooms in my house.*)

Ordinal numbers define the position of something in a series, such as *'first', 'second'* or *'third'*. Ordinal numbers are used as adjectives, nouns and pronouns

Robert Kubica zajął <u>czwarte</u> miejsce w Rajdzie Monte Carlo. (*Robert Kubica took <u>fourth</u> place in the Monte Carlo Rally.*)

Obchodzimy <u>trzydziestą</u> rocznicę ślubu. (*We are celebrating our <u>30th</u> wedding anniversary.*)

2   Numerals decline and agree in gender with the nouns they refer to.

<u>jeden</u> kot (masculine) (*one cat*)

<u>jedna</u> książka (feminine) (*one book*)

Widzę <u>jednego</u> kota. (gen.) (*I see one cat.*)

Kupiłam <u>jedną</u> książkę. (acc.) (*I bought one book.*)

How to form cardinal and ordinal numbers

Cardinal numbers

1   Cardinal numbers decline as adjectives. **Jeden** (*one*) and **dwa** (*two*) are the most complex.

Case	Singular			Plural	
	masc	fem	neuter	virile	non-virile
Nom.	jeden	jedna	jedno	jedni	jedne
Gen.	jednego	jednej	jednego	jednych	jednych
Dat.	jednemu	jednej	jednemu	jednym	jednym
Acc.	jeden (inanimate)	jedną	jedno	jedni	jedne
Instr.	jednym	jedną	jednym	jednymi	jednymi
Loc.	jednym	jednej	jednym	jednych	jednych

A   **Complete the sentences by choosing the appropriate form of the numeral in brackets.**

1   Kupiłam (jeden/jedną) torebkę.
2   Widziałem tylko (jedna/jedno) dziecko.
3   W domu jest (jedno/jeden) garaż.
4   Ewa jest (jednym/jedną) z najlepszych koleżanek.
5   Dyskutowaliśmy tylko o (jednej/jednym) problemie.

2   **Dwa** (*two*) has a number of forms in the nominative case:

Dwa is used with:

• masculine nouns (except male humans), e.g. **fotel** (*armchair*)

• neuter inanimate nouns, e.g. **krzesło** (*chair*)

In both cases the verb is in the plural and the nouns are in the nominative plural.

W pokoju <u>są dwa</u> fotele i <u>dwa</u> krzesła. (*There <u>are two</u> armchairs and <u>two</u> chairs in the room.*)

3   **Dwie** is also used with feminine nouns, e.g. **kobiety** (*women*) / **szafy** (*wardrobes*).

The verb is in the plural and nouns are in the nominative plural.

W pokoju <u>są dwie</u> szafy i <u>dwie</u> kobiety. (*There <u>are two</u> wardrobes and <u>two</u> women in the room.*)

4   **Dwaj** is used with male human nouns, e.g. **mężczyźni** (*men*).

The verb is in the plural and the nouns are in the nominative plural.

W pokoju <u>są dwaj</u> mężczyźni. (*There <u>are two</u> men in the room.*)

5   **Dwoje** – There are two scenarios where we may use **dwoje**:

•   It can be used with animate neuter nouns in the genitive plural (people and animals), e.g. **dzieci** (*children*) / **szczenięta** (*puppies*).

W pokoju jest <u>dwoje</u> dzieci i <u>dwoje</u> szczeniąt. (*There are <u>two</u> children and <u>two</u> puppies in the room.*)

•   It can also be used with a mixed (male *and* female) groups of humans, e.g. **ludzie** (*people*).

In both cases the verb is in the singular, the past tense is in the neuter form with the ending **-ło** and the nouns are in the genitive plural.

W pokoju jest/<u>było</u> dwoje <u>ludzi</u>. (*There are / were two people in the room.*)

Case	Plural		
	Masculine person	**Masculine non-person and neuter**	**Feminine**
Nominative	dwaj/dwóch	dwa	dwie
Genitive	dwóch		
Dative	dwóm		
Accusative	dwóch	dwa	dwie
Instrumental	dwoma		dwoma/dwiema
Locative	dwóch		

B Complete the sentences by choosing the appropriate form of the numeral in brackets.

1 W domu są (dwie/dwa) garaże.
2 Wiatr zniszczył (dwa/dwoje) drzewa w parku.
3 Na ławce siedziało (dwóch/dwaj) mężczyzn.
4 (Dwie/dwaj) dziewczynki szły ulicą.
5 Pożycz mi (dwie/dwa) złote na telefon.

 *As with all complex grammatical patterns, the easiest way to learn is to 'collect' good examples in context. Look at a variety of texts in Polish and try to 'fish out' any combinations that include numerals. Learn them by heart and repeat often like a poem or a nursery rhyme. The benefits will be multiple (**wielokrotne** in Polish). For a good example, look at Activities G and H in this unit.*

C Complete the table with the missing numeral forms.

Numerals		Adjectives	Adverbs	English
cardinal	ordinal			
jeden	pierwszy/pierwsza/ pierwsze	jednokrotn**y**/jednokrotn**a**/ jednokrotn**e**	jednokrotnie	*once*
dwa	drugi/-a/-e	dwukrotny/-a/-e	dwukrotnie	*twice*
trzy	trzeci/-a/-e	trzykrotny/-a/-e	trzykrotnie	*three times*
cztery	czwarty/-a-/e	czterokrotny/-a/-e	czterokrotnie	*four times*
pięć	piąty/-a/-e	pięciokrotny/-a/-e	pięciokrotnie	*five times*
sześć	szósty/-a/-e	sześciokrotny/-a/-e	sześciokrotnie	*six time*
siedem	siódmy/-a/-e	siedmiokrotny/-a/-e	siedmiokrotnie	*seven times*
osiem	ósmy/-a/-e	ośmiokrotny/-a/-e	ośmiokrotnie	*eight times*
dziewięć	dziewiąty/-a/-e	dziewięciokrotny/-a/-e	dziewięciokrotnie	*nine times*
dziesięć	dziesiąty/-a/-e	_____	_____	*ten times*
jedenaście	jedenasty /-a/-e	_____	_____	*eleven times*
dwanaście	dwunasty/-a/-e	_____	_____	*twelve times*
trzynaście	trzynasty/-a/-e	_____	_____	*thirteen times*
_____	_____	_____	_____	*fourteen times*

(Row labels in leftmost column: 1, 2, 3, 4, 5, 6, 7, 8, 9, 10, 11, 12, 13, 14)

15	_____	_____	_____	_____	*fifteen times*
16	_____	_____	_____	_____	*sixteen times*
17	_____	_____	_____	_____	*seventeen times*
18	_____	_____	_____	_____	*eighteen times*
19	_____	_____	_____	_____	*nineteen times*

D Complete the Polish adjectives with the gender given in brackets.

Examples: six times (masculine) _sześciokrotny_

six times (feminine) _sześciokrotna_

1 eight times (feminine) _____
2 ten times (neuter) _____
3 three times (masculine) _____
4 five time (masculine) _____
5 eleven times (feminine) _____
6 nineteen times (masculine) _____

E Find the meaning of the words in the box and place them in the correct sentences and phrases.

stulecie	tysiąclecie	epoka _Period in history_	wiek	dekada

1 What word would go before: _____ **lodowcowa/jurajska**
2 What word would go after: **siedemnasty/osiemnasty** _____
3 W 2001 roku rozpoczęło się kolejne _____ .
4 _____ **to dziesięć lat.**
5 _____ **to sto lat.**

F Translate the book titles into English.

1 Godzina detektywów._____
2 Dekada polskich przemian._____
3 Dekada geniuszy._____
4 Stulecie chirurgów_____
5 Primadonna stulecia_____
6 Ptak smutnego stulecia_____
7 Stulecie zagłady._____
8 Koniec tysiąclecia._____

Vocabulary

The world of sport

Sport discipline	Sportsman/Sportswoman	Competition
piłka nożna (football/soccer)	piłkarz/piłkarka (football player) (male/female)	mecz/mistrzostwa (match/championship)
pięściarstwo/boks (boxing)	pięściarz/bokser pięściarka/bokserka (boxer) (male/female)	mecz bokserski/runda (boxing match/round)
lekkoatletyka (athletics)	lekkoatleta/lekkoatletka athlete (male/female)	zawody lekkoatletyczne mistrzostwa lekkoatletyczne (athletics competition/championships)
hokej (na lodzie) (ice hockey)	hokeista/hokeistka hockey player (male/female)	mecz hokejowy/tercja (hockey match/period [one third of the match])
wioślarstwo (rowing)	wioślarz/wioślarka rower (male/female) (the team is called: osada)	regaty/biegi (regatta/races)

G **Read the poster and answer the questions which follow.**

Turniej szermierczy "O szpadę Muszkietera" (turniej juniorów) 12–13 kwietnia		
Eliminacje	**Kategoria**	**Broń**
12 kwietnia godz. 10:00	10–12 lat	szpada chłopcy
12 kwietnia godz. 12:00	10–12 lat	szpada dziewczęta
Finał		
13 kwietnia godz. 11:00	10–12 lat	szpada chłopcy
13 kwietnia godz. 15:00	10–12 lat	szpada dziewczęta
Zapraszamy! Wstęp wolny!		

1   Who is the contest for? _____

2   When are the eliminations for boys? _____

3   When is the final for girls? _____

4   How much is the ticket? _____

5   What is the trophy? _____

H   Read the first part of the text and find four sport disciplines mentioned.

Podwójne życie genialnego szablisty.

Jerzy Pawłowski był niezwykłym człowiekiem. Urodził się w Warszawie w 1932 roku. Po wojnie Jerzy zainteresował się sportem – uprawiał boks, skok w dal, grał w piłkę, ale szermierka była jego największą pasją. Kopiąc dół w ziemi znalazł starą szablę kawaleryjską. Tak jak wielu chłopców czytał powieści Henryka Sienkiewicza, szczególnie Trylogię. Znalazłszy szablę zaczął nią walczyć dla zabawy. W wyobraźni walczył z najlepszymi szermierzami – Wołodyjowskim, Kmicicem i Skrzetuskim*.

I   In the next paragraph find the following numbers: *19, 7, 4, 18, 1*. Note the numerals may appear in different grammatical forms, e.g. *2* may appear as: *dwa, podwójne, dwukrotny or dwukrotnie*.

Potem zaczął trenować szermierkę. Rok po pierwszej lekcji został wicemistrzem Polski. Mając osiemnaście lat został członkiem kadry narodowej. Odtąd zaczęła się fenomenalna kariera szermierza. W sumie zdobył dziewiętnaście medali. Był czterokrotnym medalistą olimpijskim; siedmiokrotnie zdobył złoty medal na mistrzostwach świata. Pawłowski dwukrotnie został uznany najlepszym sportowcem w Polsce w plebiscycie „Przeglądu Sportowego"**. W 1967 roku został uznany za „szablistę wszech czasów".

J   Complete the text with the correct Polish form of the words in brackets.

Jednak Jerzy Pawłowski prowadził (**1**) _____ (*double*) życie – szermierza i szpiega. W 1955 roku został agentem polskiego wywiadu. A na początku lat 60-tych rozpoczął współpracę z CIA. W 1975 był aresztowany; został skazany na (**2**) _____ (*twenty-five*) lat więzienia. Po (**3**) _____ (*ten*) latach został zwolniony i w 1985 roku miał być wymieniony na słynnym moście Gliencke niedaleko Berlina za innego szpiega komunistycznego. Mógł wyjechać do USA. Pawłowski zdecydował się jednak pozostać w Polsce.

Jerzy Pawłowski zmarł w 2005 roku w Warszawie.

*Michał Wołodyjowski, Andrzej Kmicic, Jan Skrzetuski – the main characters of **Trylogy** by Henryk Sienkiewicz

**Przegląd Sportowy – *Sports Review* is the oldest Polish sports daily and was founded in 1921 in Krakow. Its 'Sports personality of the year' contest is the second oldest – founded in 1926.*

V		
w wyobraźni		*in (his) imagination*
plebiscycie (plebiscyt)		*contest*
szpiega (szpieg)		*spy*
wszech czasów		*of all times*

Reading

K Read the text and answer the questions in Polish.

1 Ile Jeff wie o szermierce?_____

2 Ile Piotr wie o szermierce?_____

Piotr zaprasza Jeff'a na turniej szermierczy. Jeff niewiele wie o szermierce. Piotr bardzo interesuje się szermierką i jest znawcą sportu. Uprawia szermierkę szablą od dziesięciu lat. Przedtem uprawiał pięciobój nowoczesny. To bardzo interesująca dyscyplina sportu. Na pięciobój składa się pięć odrębnych dyscyplin: szermierka szpadą, jazda konna, strzelanie z pistoletu, pływanie i bieg przełajowy.

W starożytności pięciobój obejmował: bieg na stadionie, rzut dyskiem, rzut oszczepem, zapasy i skok w dal.

Pięciobój zarówno w starożytności jak i dzisiaj symuluje umiejętności potrzebne żołnierzowi, który znalazł się za linią wroga.

Turniej, na który idą Piotr i Jeff nazywa się turniejem „O Szablę Wołodyjowskiego".

– Kim był Wołodyjowski? – pyta Jeff.

– To bohater z powieści Henryka Sienkiewicza. – odpowiedział Piotr. – Michał Wołodyjowski był pułkownikiem w służbie hetmana Jana Sobieskiego. W dzieciństwie uwielbiałem czytać Trylogię. Była dla mnie inspiracją do nauki szermierki. Drugą inspiracją był Jerzy Pawłowski – najlepszy szermierz na świecie. Oglądałem jego pojedynki i chciałem być tak jak on – genialnym szablistą.

– Nigdy nie słyszałem o Jerzym Pawłowskim – przyznaje Jeff.

– To niezwykła postać – mówi Piotr – choć skomplikowana. Był nie tylko genialnym szermierzem, ale i szpiegiem – i to podwójnym szpiegiem. Jego życie było barwne. Spędził dziewiętnaście lat walcząc w pojedynkach szermierczych na najwyższym poziomie – na igrzyskach olimpijskich i mistrzostwach świata. A potem nagle zniknął. Był aresztowany i spędził dziesięć lat w więzieniu. Trudno o większy kontrast. Dla mnie jednak pozostaje idolem szermierza i sportowca – zawsze walczył uczciwie. Nawet wtedy gdy oznaczało to oddanie zwycięstwa rywalowi w mistrzostwach świata.

w starożytności	*in the ancient times*
w służbie	*in the service*
pojedynek	*fight, duel*
oddanie zwycięstwa	*to give the victory away*
rywal	*rival, opponent*
hetman Jan Sobieski	*(1629–96) the Polish military commander, later king of Poland, most famous for his victory over the Turks in the Battle of Vienna in 1683*

L Read the text again and answer the questions.

1 Jakie dyscypliny uprawiał Piotr?_____

2 Jakie dyscypliny składają się na pięciobój nowoczesny?_____

3 Jakie dyscypliny składały się na pięciobój starożytny?_____

4 Jak nazywa się turniej, na który idą Piotr i Jeff?_____

5 Kto był inspiracją dla Piotra do trenowania szermierki?_____

M Read the statements and circle _T_ (true) or _F_ (false). Then correct the false statements.

1 Jerzy Pawłowski był pułkownikiem w służbie hetmana Sobieskiego. T/F

_____

2 Pięciobój nowoczesny to szermierka, jazda konna, strzelanie z pistoletu, bieg przełajowy i pływanie. T/F

_____

3 Jerzy Pawłowski nie był podwójnym szpiegiem. T/F

_____

4 Jerzy Pawłowski spędził dwadzieścia pięć lat w więzieniu. T/F

_____

N Look at the extract from the 'Sports personality of the year' list and answer the questions which follow.

Plebiscyt Przeglądu Sportowego		
Rok	**Sportowiec**	**Dyscyplina**
1926	Wacław Kuchar	lekkoatletyka, piłka nożna, hokej na lodzie, łyżwiarstwo szybkie
1931	Janusz Kusociński	lekkoatletyka
1935	Roger Verey	wioślarstwo
1938	Stanisław Marusarz	skoki narciarskie
1957	Jerzy Pawłowski	szermierka
1967	Sobiesław Zasada	rajdy samochodowe

1969	Waldemar Baszanowski	podnoszenie ciężarów
1971	Ryszard Szurkowski	kolarstwo szosowe
1974	Irena Szewińska	lekkoatletyka
1981	Janusz Pyciak-Peciak	pięciobój nowoczesny
2001	Adam Małysz	skoki narciarskie
2008	Robert Kubica	Formuła 1
2013	Justyna Kowalczyk	biegi narciarskie
2015	Robert Lewandowski	piłka nożna

1 Who won the title for weight lifting?_____
2 How many times has an athlete won the title?_____
3 When did a rower win the title?_____
4 What is the name of a car rally driver?_____
5 What discipline is Robert Lewandowski involved in?_____

Research some or all of the Polish sport personalities mentioned in Activity N – find out about their lives and achievements. Find photographs of them and see how much information you can provide about them.

Writing

O **Write a blog post about yourself and your double life. For example, you are working in two different positions, such as an office clerk by day and an amateur sportsman by night. (80–100 words)**

You can use the following phrases:

w dzień pracuję jako … (*by day I work as a …*)

wieczorem pracuję jako … (*in the evenings I work as …*)

wieczorem zajmuję się … (*in the evenings I do/am occupied by …*)

Po pracy uprawiam judo. (*After work I practise judo.*)

Interesuję się [piórami wiecznymi] i w wolnych chwilach piszę blog na ten temat.
(*I'm interested in [fountain pens] and in my free/spare time I write a blog on the subject.*)

_____

_____

_____

_____

_____

_____

_____

_____

_____

Self-check

Tick the box that matches your level of confidence.

    1 = very confident;   2 = need more practice;   3 = need a lot of practice

Zaznacz opcję, która najbardziej odpowiada twojemu poziomowi.

    1 = pewny siebie /   2 = potrzebuję więcej   3 = potrzebuję dużo praktyki
       pewna siebie;   praktyki;

	1	2	3
Can use cardinal numbers.			
Can use ordinal numbers.			
Can understand longer texts about sport and sporting achievements. (CEFR B2).			
Can write a blog post describing one's double life. (CEFR B2).			

19 Jak ugotować rosół?

How do you make chicken soup?

In this unit you will learn how to:

- Understand verb governance.
- Use verb and noun combinations.
- Use prepositions with the locative.

CEFR: Can understand and follow recipes (CEFR B1); Can write about food culture (CEFR B2).

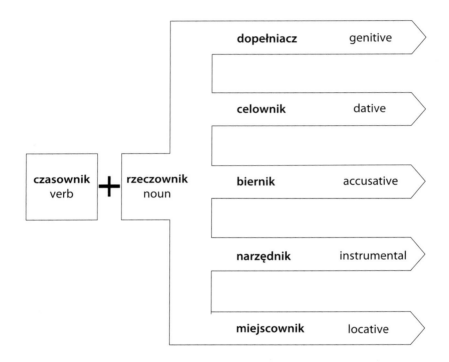

czasownik verb	+	rzeczownik noun	
			dopełniacz — genitive
			celownik — dative
			biernik — accusative
			narzędnik — instrumental
			miejscownik — locative

Meaning and usage

Verb governance

1 In Polish one of the key aspects of building logical and grammatically correct sentences is understanding the process called verb governance. In the verb-noun partnership it is the verb that is a 'dominant' partner; it is said to 'govern' the noun. In other words, it dictates in which grammatical case the noun should be. Verb governance is common not just in Slavic languages but in languages such is German as well. In English it plays less of a role, as English does not rely on grammatical cases. However, the principle can be illustrated in the following English comparison:

He found <u>me</u> **not** *He found <u>I</u>.*

Mam książkę. (*I've got a book.*)

Jem obiad. (*I'm eating dinner.*)

Prowadzę samochód. (*I drive a car.*)

Note that for some masculine nouns (i.e. inanimate singular and non-person plural), the nominative and accusative will look identical.

A **Complete the table with the missing accusative forms.**

Verb (infinitive)	Noun (nominative/accusative)
pić	herbata/herbatę
zamówić	kawa/_____
lubić	czekolada/_____
piec	ciasto/_____
jeść	obiad/_____
widzieć	Tomek/_____
oglądać	film/_____
czuć	ból/_____
mówić	prawda/_____
czytać	artykuł/_____
sprzątać	mieszkanie/_____

*Since the group of verbs governing the accusative is rather large, why not try to group the verbs into smaller chunks; for instance, one group may consist of the verbs indicating possession (**mieć, posiadać, zawierać**), another group may consist of verbs relating to consuming (**jeść, konsumować, pić**) and the third can be related to studying (**studiować, czytać, analizować, powtarzać, pisać, rozumieć**).*

2 It is perhaps worth reminding ourselves that these verbs require the accusative only in positive statements and questions.

Negative statements will require the noun to be in the genitive case. Again, note that for some masculine nouns (i.e. animate in the singular and a person in the plural), the genitive and accusative will look identical.

B **Complete the table with the missing genitive forms.**

Verb (infinitive)	Noun (accusative/genitive)
nie pić	herbatę/**herbaty**
nie zamawiać	kawę/_____
nie lubić	czekoladę/_____
nie piec	ciasto/_____

Verb (infinitive)	Noun (accusative/genitive)
nie jeść	obiad/_____
nie widzieć	Tomek/_____
nie oglądać	film/_____
nie czuć	ból/_____
nie mówić	prawdę/_____
nie czytać	artykuł/_____
nie sprzątać	mieszkanie/_____

It may help you to know the genitive in Polish is called **dopełniacz** *and is derived from the verb* **dopełniać** *(to complete). It means to replenish or to complement where there is a lack of something and is often associated with the negative. Why not imagine the accusative as a smiley face and the genitive as a sad face – positive accusative and negative genitive.*

C   There is a group of verbs requiring the noun to be in the genitive as a matter of course. See the example and match the nouns from the box with the verbs in the list. Note that some nouns can be used with more than one verb.

Example: **Mała Magda** boi się ciemności. (*Little Magda is afraid of the dark*.)

pieniędzy	przepisów	pracy	wolności	prawa
alkoholu	śmieci	spokoju	podróży	zdrowia

	Verb (infinitive)	Noun
1	brakować	_____
2	domagać się	_____
3	nadużywać	_____
4	potrzebować	_____
5	pozbywać się	_____
6	pożądać	_____

D   Match the infinitives in the box with the nouns listed.

szukać	pragnąć	życzyć	słuchać	unikać	używać	przestrzegać

1 _____ spokoju
2 _____ prawa
3 _____ koncertu
4 _____ pracy
5 _____ podróży
6 _____ telefonu
7 _____ zdrowia

3 Verbs which require the dative are often associated with giving and receiving and thanks or forgiveness, and are used as indirect objects. The verb will often be followed by a personal pronoun in the dative (i.e. **mnie**, **tobie**, **jemu/jej**, **mu**, **nam**, **wam**, **im**).

E **Complete the sentences with the appropriate form of the noun/pronoun given in the nominative case in brackets.**

    1 Dziękuję (ojciec)_____ za piękny prezent.

    2 Pokaż (mama)_____ nagrodę.

    3 Trzeba pomagać (wszyscy)_____.

    4 Żona powinna przebaczyć (mąż)_____.

    5 Czy wolno przynosić (więzień)_____ paczki świąteczne?

4 Verbs which require the instrumental are often associated with a state of being, becoming or travelling.

F **Complete the sentences by choosing the appropriate form of nouns in brackets. Note that the underlined verb is the one the noun needs to complement.**

    1 Wojciech Kossak <u>był</u> znakomitym polskim (malarz/malarzem).

    2 Ola chce <u>zostać</u> (naukowca/naukowcem).

    3 Nie lubię <u>jeździć</u> (autobusem/autobus).

    4 Za to bardzo uwielbiam <u>latać</u> (samolot/samolotem).

    5 Maciek marzy o tym, żeby <u>pływać</u> (jachtowi/jachtem).

Meaning and usage

The preposition – the game changer

1 The locative is the only case which always appears with a preposition (words like *with*, *by*, *at*, *in*, *over*, *under*, etc.) Although the locative must be accompanied by a preposition, not all prepositions are followed by the locative.

It is worth making a list of prepositions which always go with the locative as well as a separate list of prepositions that go with the accusative, the genitive or the instrumental case.

The preposition is a very important and powerful word – it often sits between the verb and the noun, and influences both.

Verbs which require the locative are often associated with thinking, talking, telling stories or dreaming.

G **Look at the lists of verbs and nouns. Match them into the correct combinations. There may be more than one combination.**

    1   myśleć   a   o rodzinie

    2   marzyć   b   o dobrej pracy

    3   pamiętać   c   o urodzinach

    4 mówić   d   o problemie

    5 rozmawiać   e   o przyszłości

 H Look at the examples of the verb _zapominać_ (imperf.) / _zapomnieć_ (perf.) (_to forget_). Notice the case of the nouns which follow the verb. What decides which case is required?

    1 Zapomniałem telefonu. Zapomniałam parasolki.

    2 Zapomniałem o spotkaniu. Zapomniałam o urodzinach.

    3 Matka zapomniała mi wszystkie krzywdy. W Biblii ojciec zapomniał synowi
       marnotrawnemu wszystkie grzechy.

Vocabulary

Food and drink

You may find this list of verb-noun collocations relating to food and drink useful next time you prepare a meal or go out to eat in Poland.

Verb	Noun (example)
gotować (_to cook / to boil_)	obiad (_dinner_) / jajko (_egg_)
smażyć (_to fry_)	cebulę (_onion_), mięso (_meat_)
dusić (_to stew_)	mięso (_meat_)
piec (_to roast / to bake_)	mięso (_meat_), kurczaka (_chicken_) / ciasto (_cake_), szarlotkę (_apple cake_)
siekać (_to chop_)	pietruszkę (_parsley_), zioła (_herbs_)
kroić (_to slice_)	kiełbasę (_sausage_), szynkę (_ham_), wędlinę (_cooked meat_), mięso (_meat_)
trzeć (_to grate_)	ser (_cheese_), ziemniaki (_potatoes_)
ucierać (_to cream_)	krem (_cream_)
mieszać (_to mix_)	składniki (_ingredients_)
wyciskać (_to squeeze_)	sok (_juice_)
wałkować (_to roll out_)	ciasto (_dough; also pastry, cake_)
ubijać (_to whip / to flatten_)	białka (_egg whites_) / mięso (_meat_)
mielić (_to grind / to mince_)	mięso (_meat_)
obtoczyć/panierować (_to coat_)	mięso (_meat_)

I   **Look at the three recipes and answer the questions.**

    1 Do you need any herbs to make **bigos**?

    2 True or false? **Gołąbki** are made from pigeon meat.

    3 True of false? **Pierogi** can have a sweet as well as a savoury filling.

Gołąbki

Składniki:

700 g mielonej wieprzowiny

100 g ryżu

2 cebule

główka białej kapusty

1,5l bulionu

1 łyżka mąki

przecier pomidorowy

sól, pieprz, oregano papryka, tymianek

Bigos

Składniki:

1,5kg kiszonej kapusty

2 cebule

2 łyżki oleju

250 g wołowiny bez kości

250 g mielonej cielęciny lub wieprzowiny

100 g boczku

garść suszonych grzybów

2-3 liście laurowe

2-3 ziarna ziela angielskiego

1 łyżeczka majeranku

Photographs © Ian Gray 2016

Pierogi

Składniki:

Ciasto

500 g mąki pszennej

¾ szklanki wody

50 g miękkiego masła

1 jajko

2 żółtka

1 łyżeczka soli

Farsz

Owoce lub mięso/kapusta

 Reading

J Read the conversation and answer the questions which follow.

    1 Jakie dania Mateusz poda na obiad?_____

    2 Jakie są składniki „włoszczyzny"?_____

Mateusz zaprasza Adama do domu na obiad. Mateusz lubi gotować. Demonstruje Adamowi jak przygotować tradycyjny polski obiad.

Adam:	Co gotujesz?
Mateusz:	Klasyczny polski obiad niedzielny – rosół z makaronem, kotlet schabowy, ziemniaki i surówkę. Na deser będzie szarlotka na ciepło z lodami.
Adam:	Palce lizać.

K Now read the rest of the conversation and answer the questions.

Adam:	Jakie składniki potrzebne są do obiadu?
Mateusz:	Na zupę potrzebne są kurczak i włoszczyzna.
Adam:	Co to jest włoszczyzna? Kojarzy mi się z Włochami.
Mateusz:	I słusznie. Włoszczyzna to wiązka warzyw, którą wkłada się do gotowania z kurczakiem dla smaku i aromatu. Na włoszczyznę składają się: marchewka, pietruszka, seler i por.
Adam:	Ale co to ma wspólnego z Włochami?
Mateusz:	Niektóre warzywa sprowadziła z Włoch do Polski Bona Sforza, żona króla Zygmunta Starego.
Adam:	Widzę, że lubisz gotować.
Mateusz:	Tak, bardzo lubię. Zamiłowanie do gotowania jest u nas rodzinne. Moja pra-prababka Weronika była kucharką w pałacu Lubomirskich*. W prezencie otrzymała egzemplarz książki kucharskiej Stanisława Czernieckiego, kuchmistrza Lubomirskich. Wydana w 1682 roku, była pierwszą książką kucharską w Polsce. Zyskała ogromną popularność i była wielokrotnie wydawana aż do połowy XIX-ego (dziewiętnastego) wieku. Syn Weroniki, mój pra-dziadek Edward, jako dziecko spędzał dużo czasu w kuchni i marzył o tym, żeby zostać kuchmistrzem. Z pomocą księżnej Lubomirskiej, Edward wyjechał do Wiednia zdobywać praktykę u słynnych kucharzy. Jego syn, a mój dziadek był znanym cukiernikiem w Krakowie. Mój kuzyn jest kucharzem w jednej z najlepszych restauracji w Krakowie. W domu mamy sporą kolekcję cennych książek kucharskich najsłynniejszych polskich mistrzów kuchni.

Mateusz gotuje rosół, a potem przygotowuje mięso na kotlety schabowe. Mięso trzeba najpierw opłukać, potem ubić na cienkie plastry, obtoczyć w mące, w jajku i w bułce tartej, a potem smażyć na złoty kolor.

Adam:	Czy ciasto sam upieczesz?
Mateusz:	Nie, moja mama piecze pyszną szarlotkę. Warto spróbować.
Adam:	Co to jest szarlotka?
Mateusz:	To jest ciasto z jabłkami. Tradycyjnie szarlotka podawana jest na zimno, ale wiem, że Anglicy lubią ciasta na ciepło z lodami.
Adam:	To bardzo miłe z twojej strony. Dziękuję.

Po obiedzie Adam komentuje jedzenie.

Adam:	Jedzenie jest pyszne. Gdzie zazwyczaj robisz zakupy? W supermarkecie?
Mateusz:	Ależ skąd! Od pokoleń robimy zakupy na Starym Kleparzu**. Tylko tam są świeże warzywa, owoce, pieczywo, nabiał, bakalie, kasze i miód.

One of the oldest and most powerful Polish aristocratic families. Its history stretches to the beginning of the state of Poland in the 10th century and closely reflects the history of Poland. They were important politicians, famous soldiers and the patrons of art.

**Stary Kleparz is a district of Krakow, close to the Old Town. Today it is best known for its food market – one of the oldest in Poland.*

palce lizać	*yum-yum, moreish*
bakalie	*dried tropical fruit*
kasze	*groats (e.g. buckwheat, barley, millet)*
miód	*honey*

1 Co ma wspólnego „włoszczyzna" z Włochami?_____
2 Czym zajmowała się pra-prababka Mateusza?_____
3 Czym zajmują się inni członkowie rodziny Mateusza?_____
4 Jaki jest krok-po-kroku proces przygotowania kotleta schabowego?_____
5 Kto upiecze szarlotkę?_____
6 Jak tradycyjnie podawana jest szarlotka?_____
7 Co posiada rodzina Mateusza?_____
8 Gdzie Mateusz kupuje żywność?_____

L Look at the text again. Highlight all of the food items detailed in the text.

M Match the ingredients in the box with the dishes. Write the ingredients in the table. Some ingredients can be used in more than one dish. Research dishes if necessary.

kapusta kiszona	suszone grzyby	liście kapusty	mielona cielęcina	jajko
mąka owoce	bita śmietana	ryż bulion	biały ser	

1 bigos	2 naleśniki	3 pierogi	4 gołąbki

Writing

N Write a short blog (80–100 words) about the food you have tried or would like to try in Poland. Give details about the ingredients and how it tastes.

If you don't know anything about Polish cuisine, do some research first. You can find lots of recipes for Polish dishes on the Internet. Visit the websites of good Polish restaurants serving traditional Polish cuisine and study their menus. Perhaps you'll find something you would like to try.

_____

_____

_____

_____

_____

_____

_____

_____

Self-check

Tick the box that matches your level of confidence.

1 = very confident;   2 = need more practice;   3 = need a lot of practice

Zaznacz opcję, która najbardziej odpowiada twojemu poziomowi.

1 = pewny siebie /   2 = potrzebuję więcej   3 = potrzebuję dużo praktyki
pewna siebie;   praktyki;

	1	2	3
Can understand verb governance.			
Can use verb and noun combinations.			
Can use prepositions with the locative			
Can understand and follow recipes. (CEFR B1).			
Can write about food culture. (CEFR B2).			

20 Zbiera się na burzę

The storm is coming

In this unit you will learn how to:

✓ Use sentences without subjects.

✓ Describe natural phenomena.

CEFR: Can understand texts about weather, climate and natural phenomena (CEFR B2); Can write an article describing a place in detail (CEFR B2).

Meaning and usage

Sentences without subjects

1   Sentences without subjects are quite common in Polish, while in English they don't exist at all. So it is worth spending some time to notice them in spoken and written Polish and getting familiar with the context in which they appear.

As the name indicates, these are sentences where the subject is absent.

Ładnie pachnie. *([It] smells nice.)*

Czuć zapach kwiatów. *(There is a smell of flowers.)*

Co słychać? *(What's new? [lit. what is heard?])*

Nie widać kościoła stąd. *([One] can't see the church from here.)*

2   Sentences without subjects are often used when referring to:

▶ natural phenomena, weather, time of day and night
Świta. *(It's getting light.)*

Zmierzcha się. *(It's getting dark.)*

Zbiera się na deszcz. *(It's threatening to rain.)*

▶ senses and feelings
Co słychać? *(What's new / How is it going?)*

Czuć dym. *(You can smell smoke. / One can smell smoke. / It smells of smoke.)*

Chce mi się pić. *(I'm thirsty.)*

Boli mnie. *(It hurts.)*

Słabo mi. *(I feel faint.)*

Wesoło mi. *(I'm happy.)*

Smutno mi. *(I'm sad.)*

► actions of non-specific persons
Wystawiono „Burzę" Szekspira. (*'The Tempest' by Shakespeare was performed.*)

Rozpoczęto badania nad nowym lekiem. (*New research has been started on a new medicine.*)

Sentences without subjects can be used in all tenses (present, past and future).

How to form sentences without subjects

1 To form sentences without subjects in the present tense, the verb is either in:

► the 3rd person singular

Infinitive	**3rd person singular**
grzmieć (*to thunder*)	**_grzmi_** (*there's thunder*)
padać (*to rain*)	**_pada_** (*it's raining*)
być pochmurno (*to be cloudy*)	**_jest_ pochmurno** (*[It] is cloudy.*)

► the infinitive
Czuć dym. (*[One] can smell smoke. / Smoke can be smelt.*)

Widać gwiazdy. (*[One] can see stars / Stars can be seen.*)

Słychać hałas. (*[One] can hear noise. / Noise can be heard.*)

Nic nie widać. (*[One] can't see anything. / Nothing can be seen.*)

A **Complete the sentences by choosing the appropriate verb forms.**

1 Robi się widno (świta/świtało).
2 Robi się ciemno (zmierzać/zmierzcha).
3 Ładnie (pachnieć/pachnie).
4 (Zbiera/Zbierano) się na deszcz.

2 To form sentences without subjects in the past tense, the verb is either:

► in the 3rd person singular neuter

grzmieć	**grzmiało** (*there was thunder*)
padać	**padało** (*it was raining*)

► **być** in the 3rd person singular neuter (**było**) and a verb such as **czuć** (*to feel*) / **widać** (*to see*) / **słychać** (*to hear*) in the infinitive. Note that **było** can follow or proceed the verb.
Widać było zamek. (*[One] could see the castle.*)

Było widać zamek.

Czuć było zapach kwiatów. (*([One] could smell flowers.*)

Było czuć zapach kwiatów.

Słychać było muzykę. (*[One] could hear the music.*)

Było słychać muzykę.

B Change the sentences from the present tense to the past tense.

    1   Jest smutno. _____

    2   Boli. _____

    3   Świta. _____

    4   Słychać radio. _____

3 To form the future tense, use the verb **być** in the 3rd person singular (**będzie**) and either:

> ▶ the infinitive
> **Będzie czuć dym.** (*[One] will smell smoke.*)
>
> **Będzie widać zamek.** (*[One] will see the castle.*)
>
> **Będzie słychać muzykę.** (*[One] will hear the music.*)

> ▶ the 3rd person singular neuter form in the past tense
> **Będzie grzmiało.** (*There will be thunder.*)
>
> **Będzie padało.** (*It will be raining.*)

Actions by unspecified persons

This group of sentences without subjects relates to actions performed by unspecified persons. It is usually used in the passive voice, and the verb ends in **-no** or **-to**. In sentences without subjects, the normal verb governance process applies.

Sentences with a subject	Sentences without a subject
Złodzieje **ukradli** cenny obraz z muzeum.	**Ukradziono** cenny obraz z muzeum.
(*Thieves have stolen a precious painting from the museum.*)	(*A precious painting was stolen from the museum.*)
Goście **zaśpiewali** mu „Sto lat!"	**Zaśpiewano** mu „Sto lat!"
(*Guests sang '100 years!' to him.*)	(*The song '100 years!' was sung to him.*)
Właściciele **rozpoczęli** budowę nowego domu.	**Rozpoczęto** budowę nowego domu.
(*The owner started building the house.*)	(*The house building has been started.*)
Inspektorzy **przeprowadzili** kontrolę.	**Przeprowadzono** kontrolę.
(*Inspectors carried out the inspection.*)	(*An inspection was carried out.*)

C Change the sentences with a subject into subjectless sentences.

    1   Palenie było zakazane. _____

    2   Bilety były sprawdzane. _____

    3   Komentatorzy mówią o klęsce opozycji. _____

    4   Prognoza pogody przepowiadała deszcz. _____

    5   Wszyscy dobrze bawili się na balu sylwestrowym. _____

D Complete the sentences with the Polish translation of the words in brackets. Use the correct form.

1 Było dziś ładnie, ale teraz (*it is getting dark*)_____.
2 (*It was threatening to rain*)_____ i zerwał się wiatr.
3 (*There was thunder*)_____ i błyskało się.
4 (*It was very muggy*)_____ i zbierało się na burzę.

E Complete the sentences/responses with appropriate phrases from the box.

czuć dym	wesoło ci	co słychać?	słabo mi	chce mi się pić

1 Cześć Jacek._____
2 Dlaczego_____?
3 Podaj mi wodę,_____
4 Czy coś się pali,_____.
5 Czy dobrze się czujesz? Nie_____.

> 🍎 *Try to find or draw your own images which illustrate feelings. Give the images appropriate captions in Polish.*
>
> *For example, if you find a picture of someone who is fainting, you can label it with the phrase* **Słabo mi!** *(I feel faint!).*

F Look at the sentences. Tick the sentences which can be classified as subjectless.

1 Robi się ciemno. ☐
2 Jest cudownie. ☐
3 Nie przeszkadzano nam. ☐
4 Zabrania się fotografowania. ☐
5 Rozpoczęto badania nad nowym lekiem. ☐
6 Zaschło mi w gardle. ☐

G Translate the titles into English. Are they subjectless sentences, or do they have a subject?

1 „Smutno mi, Boże" – Juliusz Słowacki_____
2 „Oszukano nas" – Autor nieznany_____
3 „Burza (albo miłość)" – Julian Tuwim_____
4 „Burza" – William Szekspir_____

Vocabulary

The weather and natural phenomena

Jaka jest pogoda? (*What's the weather like?*)

Jest pogodnie/deszczowo. (*It's sunny/rainy.*)

Jest chłodno/zimno. (*It's cool/cold.*)

Jest ciepło/gorąco. (*It's warm/hot.*)

przed burzą (*before the storm*)

ściemniać się (*to get dark*)

Jest duszno. (*It's muggy/sultry.*)

Jest parno. (*It's very muggy.*)

burza (*storm*)

błyska się (*there are flashes of lightning*)

leje (*it's pouring [rain]*)

po burzy (*after a storm*)

wypogodziło się (*it has cleared up*)

H **Match the Polish words with the English equivalent.**

1	chmury	a	frost
2	deszcz	b	rain
3	mróz	c	snow
4	mgła	d	blizzard
5	śnieg	e	fog
6	zadymka	f	clouds

I **Choose the correct option to complete the sentences.**

1 If you want to see the aurora borealis you will look for:
   a **zorza polarna**   b **tęcza**   c **susza**

2 A period of time without rain is called:
   a **huragan**   b **susza**   c **powódź**

3 People who live on a tectonic plate are afraid of:
   a **powódź**   b **trzęsienie ziemi**   c **mgła**

4 Inhabitants of Pompeii were the victims of:
   a **trzęsienie ziemi**   b **susza**   c **erupcja wulkanu**

Why not find some images showing scenery before, during and after the storm? For example, find an image of the painting 'Burza' by Józef Chełmoński. You can place sticky notes with Polish words and expressions around the image to help you remember words associated with the scenery.

J   Match the descriptions in the statements with the appropriate natural event from the box.

trzęsienie ziemi	susza	erupcja wulkanu	powódź	huragan

1   Woda sięgała mi do pasa, a wszystkie meble odpływały przez frontowe drzwi na ulicę.
_____

2   Ziemia była sucha i popękana, a wszystkie kwiaty w ogrodzie uschły. _____

3   Ziemia rozstępowała się, ściany zaczęły pękać i chwilę później cały budynek runął.
_____

4   Jego siła była ogromna, powyrywał drzewa z korzeniami, zerwał dachy z domów, powywracał samochody. _____

5   Widzieliśmy jak lawa spływa szybko w kierunku małego miasteczka u podnóża góry.
_____

📖 Reading

K   Read the first part of the text and answer the questions in Polish.

1   Gdzie Max i Paweł wybrali się na wycieczkę?_____

2   Jaka jest pogoda?_____

Max i Paweł wybrali się na wycieczkę rowerową do Rudna, 24 km (kilometry) na zachód od Karkowa. Dzień był pogodny, niebo bez chmur; wiał lekki wiatr.

Co jest w Rudnie? – pyta Max.

Ruiny wspaniałego zamku – odpowiada Paweł.

Po dwóch godzinach zatrzymali się na odpoczynek. Z drogi widać było ruiny potężnego zamku na wzgórzu.

– Czy to nasz zamek? – zapytał Max wskazując w kierunku wzgórza.

– Tak, zamek Tenczyn – odpowiedział Paweł – Uważaj na kamienie; droga na szczyt jest stroma i wyboista – dodał.

L Now read the rest of the text and answer the questions.

Max i Paweł dojechali do zamku, zostawili rowery na dziedzińcu i zaczęli zwiedzać ruiny. W zamku rozpoczęto prace konserwatorskie. Częściowo ograniczono dostęp dla turystów, ale tam gdzie odnowiono i zabezpieczono teren zamek można było zwiedzać.   Z zamku rozciągał się piękny widok na okolice Krakowa.

Nagle zaczęło się chmurzyć. Było parno i zbierało się na deszcz.

– Może powinniśmy wracać – zaniepokoił się Max.

– Nie, lepiej przeczekać burzę w zamku – zasugerował Paweł. – Chodź, schowamy się w baszcie „Dorotka".

– Dlaczego ta wieża nazywa się Dorotka? – zapytał Max.

– Legenda mówi, że Dorotka była żoną jednego z właścicieli zamku. Była bardzo piękną kobietą, ale podobno zdradzała męża, który za karę kazał ją zamurować żywcem z baszcie. Jej jęki słychać było po całej okolicy.

– Co za okropna historia! – zawołał Max. W tej samej chwili błysnęło się, zagrzmiało i lunął deszcz. Max i Paweł schronili się w baszcie.

– Czy często tu przyjeżdżasz? – pyta Max.

– Tak, dość często. Lubię to miejsce – odpowiada Paweł. – Lubię tu rysować i fotografować. Kilka lat temu prowadzono tu badania geologiczne – zamek stoi na wygasłym wulkanie. Często organizowano tu imprezy artystyczne – wystawy i przedstawienia teatralne.

– Bywali tutaj słynni poeci polscy, Mikołaj Rej i Jan Kochanowski. – mówił dalej Paweł – W 1518 roku zatrzymała się tu na noc Bona Sforza w drodze na Wawel. Kilka lat temu kręcono filmy kostiumowe, a latem wystawiano tu „Burzę" Szekspira.

– Zwarzywszy na pogodę, to bardzo odpowiednie miejsce – zauważył Max.

– Rzeczywiście, zamek ma niezwykłą atmosferę. Pobudza wyobraźnię. Często piszę tu moje blogi.

Burza szalała. Ściemniło się, grzmiało i zerwał się silny wiatr. Max rozglądał się niespokojnie. Gdzieś w oddali słychać było jęki.

– Słyszysz? – zapytał nerwowo Max – ktoś jęczy.

– Nie, to tylko wiatr – powiedział Paweł, ale po chwili dodał – A może to duchy jeńców krzyżackich, których trzymano tu po bitwie pod Grunwaldem?*

Deszcz powoli ustawał, grzmoty słychać było już tylko z daleka. Wypogadzało się. Chodź – skinął na Maxa – Możemy wracać do domu.

Paweł i Max wyszli z baszty. Zabrali rowery i ruszyli w drogę powrotną. Niebo było jeszcze zachmurzone, ale tu i tam widać było błękitne niebo. Słońce wychodziło zza chmur.

U stóp wzgórza, zatrzymali się na chwilę, żeby jeszcze raz spojrzeć na zamek.

– Zobacz – zawołał Max – Tęcza!

Paweł szybko wyjął aparat fotograficzny i zrobił kilka zdjęć.

– Będzie świetna ilustracja do następnego blogu. – powiedział Paweł z zadowoleniem.

The battle of Grunwald (1410) was – one of the biggest battles of medieval Europe in which the combined Polish and Lithuanian armies under the command of King Władysław Jagiełło defeated the army of the Teutonic Knights.

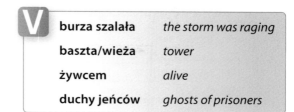

V		
burza szalała	*the storm was raging*
baszta/wieża	*tower*
żywcem	*alive*
duchy jeńców	*ghosts of prisoners*

1 Dlaczego wstęp do zamku jest ograniczony?_____

2 Kim była Dorotka?_____

3 Jakie imprezy są organizowane w zamku?_____

4 Jaką sztukę wystawiono latem?_____

5 Kogo więziono w zamku?_____

6 Kto odwiedził zamek w 1518 roku?_____

7 Jacy słynni artyści odwiedzili zamek?_____

8 Co Paweł robi kiedy odwiedza zamek?_____

M Circle *T* (true) or *F* (false). Then correct the false statements.

1 Zamek Tenczyn jest na zachód od Krakowa. T/F

_____

2 Zamek jest opuszczony i zaniedbany. T/F

_____

3 Z zamku widać Kraków. T/F

_____

4 Zamek jest zbudowany na aktywnym wulkanie. T/F

_____

5 Fotografia z zamku z tęczą będzie ilustracją blogu. T/F

_____

N Find the sentences in Polish in the text which have the same meaning as the following English sentences.

1 It was threatening to rain._____

2 It got dark._____

3 It was very muggy._____

4 It started to rain heavily._____

5 The wind picked up._____

Try to translate the whole text from Polish into English. After a few days, translate it back into Polish without looking at the original Polish text. Compare your translation with the original. You can do this with all the texts in this book.

O Put the words in brackets in the correct form (subjectless sentences).

1 (bawić się) _____ na balu do rana.
2 (rozpocząć) _____ badania nad nowym lekiem.
3 (grzmieć) _____ .
4 (boleć) _____ mnie w uchu.
5 (pomalować) _____ nowe linie na pasach dla pieszych.
6 (zorganizować) _____ zbiórkę na cele charytatywne.

Writing

P Write a short article (80–100 words) about a place of interest you have seen or would like to see (a castle, a palace, a nature reserve, a building, a church or a temple). Include information about its architecture, history, character and/or atmosphere and explain why it is worth a visit. You can also discuss the weather conditions when it looks its best or most interesting.

_____
_____
_____
_____
_____
_____
_____
_____

Self-check

Tick the box that matches your level of confidence.

1 = very confident;   2 = need more practice;   3 = need a lot of practice

Zaznacz opcję, która najbardziej odpowiada twojemu poziomowi.

1 = pewny siebie /   2 = potrzebuję więcej   3 = potrzebuję dużo praktyki
    pewna siebie;   praktyki;

	1	2	3
Can use sentences without subjects.			
Can describe natural phenomena.			
Can understand texts about weather, climate and natural phenomena. (CEFR B2).			
Can write an article describing a place in detail. (CEFR B2).			

Unit 1

A

1 pożyczyć
2 obejrzeć
3 oddać
4 upiec
5 kwitnąć

B and C

-ać	oczekiwać, brać
-eć	słyszeć
-ieć	umieć
-ić	bronić
-yć	uczyć
-uć	czuć
-ąć	odpocząć
-nąć	kopnąć
-ść	iść
-źć	gryźć, znaleźć
-ować	kupować
-ywać	obiecywać
-iwać	oczekiwać
-awać	poznawać
-c	piec

D

1 grać 2 obejrzeć 3 odwiedzić 4 zreperować 5 odpocząć 6 jeździć

E

jestem

przedstawiam

mam

mieszkam

spędzam

nazywam się

buduję

żyję

podróżuję

maluję

The above are in the 1st person singular.

robi

liczy

Are in 3rd person singular.

F

1 Jestem **2** Jestem **3** Pracuję **4** Umiem **5** Mam **6** Lubię **7** Znam **8** Mogę

G

1 Tom jest technikiem kryminalistyki.

2 Tom przyjeżdża do Polski w czerwcu.

H

1 Tom interesuje się Polską. (*In addition you can also say*: Tom interesuje się historią, archeologią i dziennikarstwem).

2 Tom chciałby zatrzymać się w Krakowie.

3 Tom musi odwiedzić Warszawę. Ma tam krewnych – rodzinę mamy.

4 Marek chciałby pokazać Tomowi zabytki i interesujące miejsca w Krakowie.

5 Marek sugeruje wyjazd do Zakopanego.

6 Ciocia Marka mieszka w Zakopanem.

7 W Krakowie można obejrzeć wystawy malarstwa, odpocząć w parkach, popłynąć statkiem do Tyńca, robić zakupy w Sukiennicach czy malować w plenerze.

I

See the original text for the correct answers.

J

1 Chcę will fit all the sentences.

2 Muszę will fit all the sentences.

3 Lubię will fit (e) and (g).

4 Mogę will fit all the sentences.

5 Potrafię will fit (e) and (g).

6 Umiem will fit (e) and (g).

7 Chciał(a)bym will fit all the sentences.

K

Example answer:

Witaj,

Jestem Anna. Jestem Amerykanką, ale mój Tato jest Polakiem i mam rodzinę w Polsce. Wybieram się do Polski latem i chciałabym spędzić kilka dni w Krakowie. Chciałabym zobaczyć się z Tobą i spędzić kilka dni razem. Planuję przyjechać na początku lipca. Mogę mieszkać w hotelu, ale chciałabym odwiedzić krewnych i przyjaciół. Zamierzam zatrzymać się również na kilka dni w Warszawie. Bardzo lubię muzykę klasyczną i interesuję się historią sztuki. Chciałabym pójść na koncert muzyki Chopina i zwiedzić Muzeum Narodowe w Warszawie.

Pozdrowienia

Unit 2

A

1 idę **2** marzę **3** piszę

B

Infinitive	Singular	Plural
czekać	ja <u>czekam</u>	my <u>czekamy</u>
	ty <u>czekasz</u>	wy <u>czekacie</u>
	on/ona/ono <u>czeka</u>	oni/one <u>czekają</u>
pływać	ja <u>pływam</u>	my <u>pływamy</u>
	ty <u>pływasz</u>	wy <u>pływacie</u>
	on/ona/ono <u>pływa</u>	oni/one <u>pływają</u>
grać	ja <u>gram</u>	my <u>gramy</u>
	ty <u>grasz</u>	wy <u>gracie</u>
	on/ona/ono <u>gra</u>	oni/one <u>grają</u>
kochać	ja <u>kocham</u>	my <u>kochamy</u>
	ty <u>kochasz</u>	wy <u>kochacie</u>
	on/ona/ono <u>kocha</u>	oni/one <u>kochają</u>
korzystać	ja <u>korzystam</u>	my <u>korzystamy</u>
	ty <u>korzystasz</u>	wy <u>korzystacie</u>
	on/ona/ono <u>korzysta</u>	oni/one <u>korzystają</u>

C

1 czeka **2** pamiętasz **3** zna **4** przepraszam **5** otwierają

D

1 mieszka **2** odwiedzają **3** Zwiedzam **4** latam **5** Przepraszam

E

Tom *kocha* Polskę. Dużo *czyta* o długiej i skomplikowanej, a czasami tragicznej historii Polski. Poszukuje interesujących informacji o Polsce w prasie i w internecie. Kupuje książki po polsku i po angielsku. *Stara się* oglądać filmy fabularne i dokumentalne w telewizji. *Zna* wielu Polaków mieszkających w Anglii.

F

1   d to live

2   e to complain

3   f to visit

4   a to watch

5   b to tell

6   c to remember

7   j to apologize

8   i to sit

9   h to listen to

10   g to go sightseeing

G

1 Polski **2** Ania **3** pogodę

H

fałsz

I

1   **Tom bada historię Templariuszy w Polsce.**

2   **Tom jest w Krakowie od piątku.**

3   **Tom spotka Marka w Polsce.**

4 Marek jest prawdziwym poszukiwaczem skarbów. Marek jest autorem książki o Templariuszach.

5 Ponieważ wszystkie informacje są ściśle poufne.

6 Tom znowu napisze jak tylko będzie mógł.

J

Verbs which do NOT belong to Conjugation 1 are circled.

Verbs which DO belong to Conjugation 1 are underlined.

Pozdrowienia z Krakowa. (Jestem) *tu od piątku.* (Jest) *bardzo gorąco, ale pokój w hotelu* (jest) *wygodny, a jedzenie pyszne więc nie* narzekam.

Badam *historię skarbu Templariuszy.* Spędzam *dużo czasu w bibliotece –* czytam *zapiski i dokumenty historyczne.* Czekam *na spotkanie z Markiem Jankowskim. Marek* (jest) *prawdziwym poszukiwaczem skarbów i autorem książki o Templariuszach w Polsce. Może* spotkamy się *dzisiaj, chociaż* (jest) *bardzo tajemniczy.* Mam *nadzieję, że* porozmawiam *z nim o kilku interesujących faktach. Od jutra* zaczynam *własne poszukiwania.* (Żałuję) *tylko, że nie* (mogę) (podzielić się) *moją wiedzą z nikim. Wszystkie informacje* (są) *ściśle poufne.* (Napiszę) *więcej jak tylko będę* (mógł).

K

1 spotkać się 2 jest 3 bada 4 czekają

L

Tom jest hipokrytą/dentystą/maszynistą/alpinistą/pianistą

M

1 ściśle poufne 2 autorem 3 porozmawiam 4 Żałuję 5 zaczynam

N

Example answer:

Nazywam się Anna Stevenson. Jestem bibliotekarką na Uniwersytecie w Oxfordzie. Mieszkam w małej wiosce niedaleko Oxfordu. Kocham książki i dużo czytam. Znam polski, francuski i hiszpański. Szukam przyjaciół w Polsce. Dużo czytam o Polsce, oglądam filmy, słucham polskiej muzyki. Znam kilku Polaków w Anglii. Czekam na odpowiedzi.

Unit 3
A

1 wiem 2 umiem 3 rozumiem

B

Infinitive	Singular	Plural	English	Example
wiedzieć	ja wiem	my wiemy	*to know*	Wiem o tym.
	ty wiesz	wy wiecie		(*I know about it*)
	on/ona/ono wie	oni/one wiedzą		
jeść	ja jem	my jemy	*to eat*	Zawsze jem śniadanie o 7:00 (*I always eat breakfast at 7:00*)
	ty *jesz*	wy *jecie*		
	on/ona/ono *je*	oni/one jedzą		
umieć	ja umiem	my umiemy	*can /to be able to*	Umiem mówić po polsku.
	ty *umiesz*	wy *umiecie*		(*I can speak Polish.*)
	on/ona/ono [wl] *umie*	oni/one umieją		
rozumieć	ja [wl] *rozumiem*	my *rozumiemy*	*to understand*	Rozumiesz? (*Do you understand?*)
	ty [wl] *rozumiesz*	wy *rozumiecie*		
	on/ona/ono *rozumie*	oni/one rozumieją		

C

1 wiesz **2** rozumie **3** wiedzą **4** rozumiesz **5** wie

D

1 rozumiesz **2** umie **3** wiem **4** je

E

1 szukać
2 wiedzieć
3 czytać
4 rozumieć
5 kochać
6 czekać
7 pamiętać
8 jeść

F

1 True **2** True **3** True **4** True

G

1 znajomość **2** kwalifikacje **3** zna się **4** umiesz/potrafisz **5** doświadczenia

H

1 Ten skills of the perfect worker

2 What skills you need to mention in a CV?

3 How to improve your interpersonal skills?

4 Test your knowledge of Poland.

I

1 True 2 True 3 True 4 False

J

Verb + verb: potrafi grać; Chciałby mieć

Verb + noun: Jest muzykiem; jest architektem; Kocha polską tradycję; szuka inspiracji; Interesuje się jazzem i sztuką; Lubi muzykę; Potrzebuje ciszy i spokoju; Ma wielu przyjaciół; Jest laureatem; Jest liderem

K

Tradycyjny polski obiad.

L

1 Tom interesuje się historią i archeologią.

2 Tom i Marek szukają skarbu Templariuszy

3 Marek jest dyskretny.

4 Nie, nie tylko oni szukają skarbu.

M

Conjugation 1: witaj (witać), czekasz (czekać), mam (mieć), szukasz/szukamy (szukać)

Conjugation 2: wiem/wiesz (wiedzieć)

N

1 mieszka 2 narzeka 3 odwiedza 4 opowiada 5 rozmawiają

O

1 wiem 2 szukam 3 rozumiem

P

Example answer:

Nazywam się Anna Richardson. Jestem Amerykanką. Jestem zainteresowana posadą. Mam dobrą znajomość języków obcych. Znam angielski, polski, hiszpański i niemiecki. Mam doświadczenie w pracy z dziećmi. Mam wiedzę o przepisach prawnych. Mam także dobre umiejętności komunikacyjne i interpersonalne.

Unit 4

A

1 kupujesz **2** przyznaje się **3** kosztuje **4** sprzedaję **5** wynajmuje **6** kradną **7** buduje się **8** całują **9** chorujemy **10** pracuje **11** żartujesz

B

Verb	Singular	Plural
oczekiwać	oczekuję	oczekujemy
	oczekujesz	oczekujecie
	oczekuje	oczekują
kupować	kupuję	kupujemy
	kupujesz	kupujecie
	kupuje	kupują
przyznawać (się)	przyznaję	przyznajemy
	przyznajesz	*przyznajecie*
	przyznaje	*przyznają*
kosztować	kosztuję	kosztujemy
	kosztujesz	*kosztujecie*
	kosztuje	*kosztują*
sprzedawać	*sprzedaję*	*sprzedajemy*
	sprzedajesz	*sprzedajecie*
	sprzedaje	*sprzedają*
wynajmować	*wynajmuję*	*wynajmujemy*
	wynajmujesz	*wynajmujecie*
	wynajmuje	*wynajmują*

kraść	kradnę	kradniemy
	kradniesz	kradniecie
	kradnie	*kradną*
budować	*buduję*	budujemy
	budujesz	*budujecie*
	buduje	*budują*
całować	całuję	całujemy
	całujesz	*całujecie*
	całuje	*całują*
chorować	choruję	chorujemy
	chorujesz	*chorujecie*
	choruje	*chorują*
pracować	*pracuję*	*pracujemy*
	pracujesz	*pracujecie*
	pracuje	*pracują*
żartować	*żartuję*	*żartujemy*
	żartujesz	*żartujecie*
	żartuje	*żartują*

C

Conjugation 1: czekać, opowiadać, pływać, pamiętać

Conjugation 2: jeść

Conjugation 3: klaskać, poznawać, próbować, obiecywać, gotować; poszukiwać, ratować, dawać, sprzedawać

D

1 willa 2 kamienica 3 dworek 4 dom jednorodzinny / dom dwurodzinny 5 posiadłość
6 apartamentowiec

E

Dom	Mieszkanie	Dom/mieszkanie
z ogrodem	z miejscem parkingowym	z balkonem
z garażem		z centralnym ogrzewaniem
		z łazienką

F

1   Nie, kawalerka nie jest na sprzedaż.

2   W centrum Krakowa.

G

1   Robert odwiedza agencję nieruchomości.

2   Robert chciałby wynająć mieszkanie.

H

1   Robert chciałby wynająć mieszkanie na miesiąc.

2   Mieszkanie jest w centrum Krakowa, blisko Rynku.

3   Mieszkanie jest w kamienicy.

4   Czynsz kosztuje dwa tysiące złotych miesięcznie.

5   Robert może zrezygnować z widoku.

6   Robert nie orientuje się w cenach nieruchomości.

7   Kawalerka na peryferiach Krakowa jest tańsza.

I

1 a czynsz 2 b garaż 3 c peryferie 4 b centralne ogrzewanie

J

1 domów 2 mieszkania 3 kamienicach 4 nieruchomości 5 dojazd

K

1 eleganckiej willi 2 kamienicy 3 kawalerki 4 peryferiach

L

Example answer:

Poszukuję mieszkania do wynajęcia na rok. Chciałbym wynająć mieszkanie w centrum Krakowa, niedaleko Rynku. Poszukuję obszernego mieszkania w zabytkowej kamienicy z widokiem na park, Wawel, Rynek lub Wisłę, w pobliżu restauracji i sklepów. Mieszkanie musi mieć salon, jadalnię, dwie sypialnie i pokój do pracy. Pożądany jest garaż lub miejsce parkingowe. Jako alternatywę przyjmę ofertę eleganckiej willi na peryferiach z dużym ogrodem w zacisznej atrakcyjnej dzielnicy. Konieczny jest dobry dojazd do centrum komunikacją miejską.

Unit 5

A

They refer to emotions, state of being, learning and thinking.

B

1 mówi

2 myślisz

3 nudzi się

4 Płacimy

5 twierdzą,

C

Verb	Singular	Plural
bawić się	bawię się bawisz się bawi się	bawimy się bawicie się bawią się
dzwonić	dzwonię dzwonisz dzwoni	dzwonimy dzwonicie dzwonią
gubić	gubię gubisz gubi	gubimy gubicie gubią
chodzić	chodzę chodzisz chodzi	chodzimy chodzicie chodzą
czyścić	czyszczę czyścisz czyści	czyścimy czyścicie czyszczą
niepokoić	niepokoję niepokoisz niepokoi	niepokoimy niepokoicie niepokoją
chwalić	chwalę chwalisz chwali	chwalimy chwalicie chwalą
prowadzić	prowadzę prowadzisz prowadzi	prowadzimy prowadzicie prowadzą

Verb	Singular	Plural
mylić się	*mylę się*	*mylimy się*
	mylisz się	*mylicie się*
	myli się	*mylą się*
płacić	*płacę*	*płacimy*
	płacisz	*płacicie*
	płaci	*płacą*
liczyć	*liczę*	*liczymy*
	liczysz	*liczycie*
	liczy	*liczą*
zobaczyć	*zobaczę*	*zobaczymy*
	zobaczysz	*zobaczycie*
	zobaczy	*zobaczą*

D

Conjugation 4 verbs	
wątpić	prosić
robić	liczyć
gubić	dziwić się
potrafić	
lubić	

E

Conjugation 1 verbs	Conjugation 2 verbs	Conjugation 3 verbs
czekać	jeść	klaskać
przestawiać		poznawać
opowiadać		budować
pływać		próbować
pamiętać		obiecywać
odpocząć		gotować
nazywać się		poszukiwać
		ratować
		dawać
		sprzedawać

F

1   Agent pokazuje *mieszkanie*.   D

2   Agent pokazuje *mi* mieszkanie   I

3   Agent daje *klucze*.   D

4   Agent daje *mi* klucze.   I

5   Myślę o *przyszłości*.   I

6   Przyglądam się *chmurom*.   I

7   Podziwiam *architekturę* Krakowa.   D

8   Martwię się o *przyszłość*.   I

9   Zachwycam się *widokiem*.   I

10   Idę na *koncert*.   I

11   Mam *klucze*.   D

G

1   Wierzę *w Boga*.   I

2   Piszę *email* do przyjaciółki   D

3   Gotuję *obiad*.   D

4   *Ewa* gotuje obiad dla córki.   S

5   Tadek pisze *artykuł* do gazety.   D

6   Chciałbym pożyczyć *pieniądze*.   D

7   Rozmawiamy *o pogodzie*.   I

H

1 lat 2 miastem 3 atmosferą 4 architekturę 5 kamienicach 6 parkach 7 turystów 8 miasta 9 reagują

I

Why would you like to live in a city?	Why wouldn't you like to live in a city?
B	A
C	G
D	H
E	I
F	

J

1   Tak, Kraków to drogie miasto.

2   Tak, agent nieruchomości stara się pomóc Robertowi.

K

1   Tak, Kraków jest popularny wśród cudzoziemców.

2   Pierwsza poczta mieściła się w „Kamienicy Montelupich".

3   W tysiąc pięćset pięćdziesiątym drugim roku.

4   Pocztę ustanowił król Zygmunt August.

5   Dyliżansy pocztowe kursowały do Wenecji.

6   W Krakowie odbywają się festiwale i koncerty.

L

1 dzień 2 pracę 3 agentem 4 mieszkania 5 kawalerki 6 kamienicy 7 okna 8 czubek 9 obiad
10 koncert

M

Example answer:

Dzisiaj jest pierwszy dzień nowego życia na wsi. Nasz nowy dom jest bardzo piękny, ma duży ogród. Z okna roztacza się piękny widok na pola i rzekę. Niedaleko jest sklep i mała restauracja, poczta i bank. To nam wystarcza. Wszędzie można dojść piechotą lub pojechać rowerem. Nie muszę korzystać z samochodu. Pracuję w domu i nie muszę już tracić dwóch godzin na dojazd do pracy w zatłoczonym pociągu. Po obiedzie wychodzę na spacer z psem. Mamy bardzo miłych sąsiadów – są bardzo przyjaźni. Nikt się nigdzie nie śpieszy. Nie tęsknię za zgiełkiem wielkiego miasta.

Unit 6
A

Virile: jezuici, więźniowie, politycy, lekarze, ojcowie, bracia, rodzice

Non-virile: chrześcijanki, dziewczyny, matki, lekarki

B

1   czytał

2   dali

3 pisały

4 budowali

5 wynajmowały

C

(Table listed from pisać to the end)

Verb	Present tense		Past tense				
	Singular	Plural	Singular			Plural	
			masculine	feminine	neuter	virile	non-virile
pisać	piszę	piszemy	pisałem	pisałam		pisaliśmy	pisałyśmy
	piszesz	piszecie	pisałeś	pisałaś		pisaliście	pisałyście
	pisze	piszą	pisał	pisała	pisało	pisali	pisały
czytać	czytam	czytamy	czytałem	czytałam		czytaliśmy	czytałyśmy
	czytasz	czytacie	czytałeś	czytałaś		czytaliście	czytałyście
	czyta	czytają	czytał	czytała	czytało	czytali	czytały
budować	buduję	budujemy	budowałem	budowałam		budowaliśmy	budowałyśmy
	budujesz	budujecie	budowałeś	budowałaś		budowaliście	budowałyście
	buduje	budują	budował	budowała	budowało	budowali	budowały
walczyć	walczę	walczymy	walczyłem	walczyłam		walczyliśmy	walczyłyśmy
	walczysz	walczycie	walczyłeś	walczyłaś		walczyliście	walczyłyście
	walczy	walczą	walczył	walczyła	walczyło	walczyli	walczyły

D

1 Edek rozmawia z Andrzejem o słynnych Polakach.

2 Krzysztof opowiadał o historii Templariuszy w Polsce.

3 Magda czytała ciekawy artykuł o zaginionym portrecie Rafaela.

4 Turyści lubią lubili spacerować po Rynku w Krakowie.

5 Turystki jadły lody.

E

1 było **2** osiedlali się **3** przybywali **4** byli **5** byli **6** prowadzili **7** zakładali

F

Mikołaj Kopernik   1

Maria Skłodowska-Curie   2

Antoni Patek,   3

Joseph Conrad   4

G

Geniusze byli matematykami.

H

1   Było około dwudziestu członków Lwowskiej Szkoły Matematycznej.

2   Matematycy spotykali się w Kawiarni Szkockiej we Lwowie.

3   Nie, Stefan Banach nie ukończył studiów.

4   Banach zarabiał na życie jako karmiciel wszy.

5   Stanisław Ulam pracował w Los Alamos w Stanach Zjednoczonych.

6   Po wojnie Hugo Steinhaus kontynuował pracę naukową.

I

Perfective: stworzyła, byli, Założyli, pozostają, skończył, został, Należy, wyemigrował, pracował, przeżył, Był

Imperfective: Spotykali się, dyskutowali, zapisywali, zarabiał, kontynuował

J

1 byli 2 pracowała 3 mieszkali 4 urodził się 5 otrzymała

K

1 usiadły, rozmawiały 2 bawiły się 3 pojechali 4 mieszkali 5 byli

Unit 7

A

1 wystawi 2 przeczyta 3 pracowała 4 podróżować 5 zagrają

B

(listed from wracać)

Imperfective verbs	Past	Future
wracać to return / go back / come back	wracał/wracała/wracało wracali/wracały	będę wracał/wracała będziesz wracał/wracała będzie wracał/wracała/wracało będziemy wracali/*wracały* będziecie wracali/*wracały* będą *wracali/wracały*
wyjeżdżać to leave / to go away	wyjeżdżał wyjeżdżała/wyjeżdżało wyjeżdżali/wyjeżdżały	będę wyjeżdżał/wyjeżdżała *będziesz* wyjeżdżał/*wyjeżdżała* będzie *wyjeżdżał/wyjeżdżała/wyjeżdżało* *będziemy wyjeżdżali/wyjeżdżały* *będziecie wyjeżdżali/wyjeżdżały* będą *wyjeżdżali/wyjeżdżały*
zapraszać to invite	zapraszał/zapraszała/zapraszało zapraszali/zapraszały	*będę* zapraszał/zapraszała *będziesz* zapraszał/*zapraszała* będzie zapraszał/*zapraszała/zapraszało* będziemy *zapraszali*/zapraszały *będziecie zapraszali/zapraszały* *będą zapraszali/zapraszały*

C

Perfective: odbył się, porwał, zagrali, zagrają, powróci, wyjedzie, Wystąpią, wyda

Imperfective: bawiła się, przyjmuje

D

Zagrają, wyjedzie, wystąpią, wyda

E

1 cały wieczór **2** często **3** W przyszłym roku **4** W ubiegłym roku **5** codziennie

F

Karol zaprosił Magdę na wykład.

G

1 Wykład odbędzie się o 18:00 (osiemnastej).

2 Wykład odbędzie się w Bibliotece Jagiellońskiej.

3 Profesor Nowak będzie opowiadał o legendach związanych z Templariuszami.

4 Karol zaplanował kolację z Profesorem Nowakiem. OR Karol zaprosił Profesora Nowaka na
   kolację.

H

1 będzie pracował 2 przeczytam 3 wyjedzie 4 dowiem się

I

1 One prowadziły małą restaurację w Rzymie.

2 Pożegnałaś się z nią?

3 Boli mnie kolano bo upadłam.

4 Nie wiedziałam, że Joseph Conrad był Polakiem.

5 Wróciłyśmy do Polski w maju.

J

1 Wykład zacznie się o dziewiętnastej (19:00).

2 Wykład skończy się o dwudziestej pierwszej (21:00).

3 Wykład odbędzie się w Restauracji „pod Różą".

4 Wykład poprowadzi Mistrz sztuki kulinarnej Adam Bierecki. … Or … Adam Bierecki, mistrz
   sztuki kulinarnej, poprowadzi wykład.

5 Degustacja potraw będzie główną atrakcją wykładu. Główną atrakcją wykładu będzie
   degustacja potraw.

6 Będzie mowa o bigosie i faworkach.

K

Imperfective	Perfective
odbywać się, wyjeżdżać, budować, powracać, robić, porywać, czytać, pisać, wydawać	porwać, odbyć się, powrócić, przeczytać, wyjechać, napisać wydać zbudować, zrobić

L

1 pójdę 2 pojadę 3 spędzę 4 zobaczę 5 będę pisać / będę pisał

Unit 8

A

Biuletyn Informacji Publicznej

Naucz dzieci, jak i kiedy wzywa się policję, pogotowie lub straż pożarną.

Teach your children how and when to call the police, the ambulance and the fire service.

Udziel pomocy rannym i poszkodowanym.

Help those injured and harmed.

Unikaj leżących lub zwisających przewodów elektrycznych.

Avoid electrical cables laying or hanging.

Sprawdź instalację gazową, elektryczną, wodociągową i ściekową w swoim domu.

Check the gas and electrical installation, water supply and sewage.

B

nauczyć, udzielić, unikać, sprawdzić

C

1 siada **2** Czytaj **3** Czytajmy **4** podpiszą **5** Zamknijcie

D

Infinitive	Imperative			
	2nd singular (informal)	**3rd singular (formal)**	**1st plural**	**2nd plural**
czytać *imperf. to read*	czytaj	niech pan/pani czyta	czytajmy	czytajcie
siadać *imperf. to sit*	siadaj	niech pan/pani siada	*siadajmy*	*siadajcie*
kupować *imperf. to buy*	kupuj	niech pan / pani kupuje	kupujmy	*kupujcie*
dotykać *imperf. to touch*	nie dotykaj	niech pan/ pani nie dotyka	nie *dotykajmy*	nie *dotykajcie*
zabijać *imperf. to kill*	*nie zabijaj*	*niech pan/pani nie zabija*	*nie zabijajmy*	*nie zabijajcie*
zwlekać *imperf. to delay*	nie *zwlekaj*	niech pan/pani nie *zwleka*	nie zwlekajmy	nie *zwlekajcie*
nauczyć *perf. to teach*	naucz	niech pan/pani nauczy	nauczmy	nauczcie
kupić *perf. to buy*	kup	niech pan/pani kupi	kupmy	*kupcie*
robić *imperf. to do*	(nie) rób	niech pan/pani (nie) *robi*	(nie) *róbmy*	(nie) *róbcie*

E

Nie bądź taki szybki Bill.

Refren:

Nie bądź taki szybki Bill, *wstrzymaj się* przez kilka chwil, *przestań* działać jednostajnie, *porozmawiaj* o Einsteinie, *nie bądź* taki szybki Bill.

Nie bądź taki szybki Bill, dobrze czasem zmienić styl, chcesz omotać mnie to *powiedz* czemu lata odrzutowiec, *nie bądź* taki szybki Bill.

F

Bądź!; Weź! Znajdź!

G

1 czekaj 2 chodź 3 jedz 4 przeproś 5 oddaj

H

1 b 2 a 3 b

I

1 zachowaj 2 patrz 3 bądź 4 obserwuj 5 awanturuj 6 stawiaj 7 czekaj

J

1 Wybierz 2 Wrzuć 3 Zatwierdź 4 Pobierz 5 umieść

K

1   Come on, paint my world

2   Stop frollicking about

3   Let my eyes kiss you

4   Don't cry Ewka

5   Give me some sunshine

telling others what to do: 1, 3, 5

telling others what NOT to do: 2, 4

L

Mama mówi – Uważaj! Nie wpadaj na ludzi! Przeproś pana.

M

1 Eryk i Grażyna słyszą odgłosu szamotaniny.

2 Telefon i pieniądze.

3 Zadzwoń po policję!

4 Nie.

N

Example answer:

Znajdź miejsce do nauki.

Kup dobry słownik.

Ucz się często – najlepiej codziennie.

Znajdź czas na poszukiwanie informacji.

Rób notatki z lekcji.

Często rozmawiaj z Polakami.

Słuchaj polskich audycji.

Słuchaj polskich piosenek.

Czytaj polskie czasopisma i książki.

Pisz blog po polsku.

Unit 9

A

1 wishful thinking

2 wishful thinking

3 mild request

4 demand

B

Infinitive	Conditional				
	Singular			Plural	
	Masculine	Feminine	Neuter	Virile	Non virile
wybrać (się)	wybrałbym	wybrałabym	—	wybralibyśmy	wybrałybyśmy
	wybrałbyś	wybrałabyś	—	wybralibyście	wybrałybyście
	wybrałby	wybrałaby	wybrałoby	wybraliby	wybrałyby

Infinitive	Conditional				
	Singular			Plural	
	Masculine	**Feminine**	**Neuter**	**Virile**	**Non virile**
zaprosić	zaprosiłbym	zaprosiłabym	—	zaprosilibyśmy	zaprosiłybyśmy
	zaprosiłbyś	zaprosiłabyś	—	zaprosilibyście	zaprosiłybyście
	zaprosiłby	zaprosiłaby	zaprosiłoby	zaprosiliby	zaprosiłyby
chcieć	chciałbym	chciałabym	chciałoby	chcielibyśmy	chciałybyśmy
	chciałbyś	chciałabyś		chcielibyście	chciałybyście
	chciałby	chciałaby		chcieliby	chciałyby
pojechać	pojechałbym	pojechałabym	pojechałoby	pojechalibyśmy	pojechałybyśmy
	pojechałbyś	pojechałabyś		pojechalibyście	pojechałybyście
	pojechałby	pojechałaby		pojechaliby	pojechałyby
rozmawiać	rozmawiałbym	rozmawiałabym	rozmawiałoby	rozmawialibyśmy	rozmawiałybyśmy
	rozmawiałbyś	rozmawiałbyś		rozmawialibyście	rozmawiałybyście
	rozmawiałby	rozmawiałaby		rozmawialiby	rozmawiałyby
pójść	poszedłbym	poszłabym	poszłoby	poszlibyśmy	poszłybyśmy
	poszedłbyś	poszłabyś		poszlibyście	poszłybyście
	poszedłby	poszłaby		poszliby	poszłyby
zrobić	zrobiłbym	zrobiłabym	zrobiłoby	zrobilibyśmy	zrobiłybyśmy
	zrobiłbyś	zrobiłabym		zrobilibyście	zrobiłybyście
	zrobiłby	zrobiłabyś		zrobiliby	zrobiłyby
oglądać	oglądałbym	oglądałabym	oglądałoby	oglądalibyśmy	oglądałybyśmy
	oglądałbyś	oglądałabyś		oglądalibyście	oglądałybyście
	oglądałby	oglądałaby		oglądaliby	oglądałyby

C

The ending -by is detached from the verb and placed directly after the personal pronoun.

D

1 Ty byś zatrzymał się w hotelu „Saskim" w Krakowie.

2 Ewa by zagrała koncert Chopina w Łazienkach w Warszawie.

3 My byśmy przyjechali w sobotę.

4 My byśmy poszli na spacer do parku.

5 One by porozmawiały o trudnej sytuacji finansowej.

E

1 Czy mógłby pan zamknąć okno.

2 Czy mogłaby pani zamknąć okno?

3 Czy mógłbyś przestać palić w domu?

4 Czy mogłabyś przestać palić w domu?

5 Zjadłbym ciastko.

6 Zjadłabym ciastko.

7 Jeśli będę miała czas to pójdę do kina.

8 Jeśli będę miał czas to pójdę do kina.

9 Jeśli kupisz psa będziesz miał problem.

10 Chciałbym zarezerwować stolik na szóstą.

F

1 gdybyś 2 gdybyście 3 gdybyś 4 gdybyście

G

1 Gdybyś kupił ser i pomidory

2 Gdybym miała dużo pieniędzy

3 Jeśliby spadł śnieg

4 Gdybym się spóźnił

5 Jeśli nie będzie pociągu

6 Gdybym wiedziała, że czekasz na mnie

H

1 Pojechałbym 2 Chciałabym 3 spóźnili 4 chciałby 5 miał; zaoszczędziłbyś

I

1 e, 2 a, 3 b, 4 d, 5 c

J

Marcin i Staszek wybierają się w Bieszczady.

K

1 Rafał jest astronomem.

2 Tak, Marcin chciałby pojechać w Bieszczady.

3 Marcin chciałby poobserwować gwiazdy i planety.

4 Staszek chciałby wybrać się w przyszłym tygodniu.

5 Po pokazie można zrobić sobie zdjęcie z Drogą Mleczną w tle.

6 Można oglądać pokaz nieba w przenośnym planetarium.

L

1 podróży 2 zwiedzić 3 obserwowałbym 4 fotografowałabyś 5 odwiedzić/zobaczyć (both are correct)

M

1 Przepłynąłby Kanał Angielski gdyby umiał pływać.

2 Obejrzałby ten film gdyby miał czas.

3 Pomógłby mu gdyby go poprosił.

4 Poszłaby na spacer gdyby nie padał deszcz.

5 Poszliby na koncert gdyby bilety były tańsze.

N

1 Magda chciałaby podróżować po świecie.

2 Tomek chciałby odwiedzić Bieszczady.

3 Rafał chciałby pokazać im okolicę.

4 Jeśli przyjdziesz/przyjedziesz wcześnie to moglibyśmy pójść na obiad przed przedstawieniem.

5 Nie czekaj na mnie gdybym się spóźnił/spóźniła.

6 Bardzo chciałbym poobserwować księżyc i gwiazdy.

Unit 10

A

1

B

2

C

3

D

1 zwrotna 2 bierna 3 czynna 4 bierna 5 bierna 6 czynna

E

1 być 2 być 3 być 4 zostać 5 być 6 być 7 zostać 8 zostać

F

1 badane 2 zabezpieczone 3 zbadane 4 sfotografowane 5 przewiezione 6 otwarta

G

All the reflexive verbs are related to expressing emotions.

1   Ewa is afraid of the dark.

2   Children are playing hide and seek.

3   I'm glad you will come for Christmas/Easter.

4   Don't get upset!

5   I'm not surprised she's got problems.

6   Chin up! Don't worry!

7   Mum! I'm bored!

8   Adam was never worried about what was said about him.

9   I'm ashamed of your boorish behaviour.

10   The concert was wonderful, we enjoyed ourselves.

H

1 znaleziony 2 zaproszony 3 (prze)czytana 4 napisany 5 obejrzany 6 upieczone 7 zrobione 8 ugotowany

I

1   The country is governed by a corrupt government!

2   The opposition activists are arrested by police!

3   A dangerous criminal released from prison by mistake!

4   A dangerous package found at the station!

J

1 mathematics 2 music 3 literature 4 architecture

K

kryminologia = *criminology*

kryminalistyka = *forensics*

L

1 d 2 a 3 b 4 c

M

1 hematologia 2 kardiologia 3 diabetologia 4 stomatologia 5 chirurgia

N

1 Pedagogika 2 Psychologia 3 Polonistyka 4 Fizyka jądrowa 5 Anglistyka 6 Politologia

O

1   Adam jest archeologiem.

2   Susza spowodowała spadek wody.

3   Susza odsłoniła cenne artefakty.

P

1   Prace archeologiczne zaczęły się latem ubiegłego roku.

2   Nurkowie najpierw zbadali dno Wisły.

3   Znalezione rzeczy zostały oznaczone, sfotografowane i wydobyte z wody.

4   W rzzece znaleziono rzeźby, fragmenty sztukaterii, marmurowe elementy architektoniczne.

5   Znaleziono szkielet mamuta i wraki starych barek.

6   Przedmioty zaginęły w czasie Potopu.

Q

został osuszony, zostały oznaczone, zbadane, sfotografowane, zostały wydobyte, prowadzone są, były przerwane, został zabezpieczony, będzie zalany, Zostały zrabowane, załadowane, została uszkodzona, znaleziono

R

zaczęły się, znalazły się,

S

1 teren 2 marmurowa kolumna 3 skarby 4 szkielet mamuta

T

Najpierw teren został zabezpieczony, a potem skarby zostały przetransportowane.

Najpierw marmurowa kolumna została sfotografowana, a potem szkielet mamuta został znaleziony.

Unit 11

A

The headlines use reported speech.

B

Ruszył proces znanego celebryty.

Wczoraj rozpoczął się proces znanego celebryty Mariusza K. oskarżonego o nieumyślne zabójstwo. Na wstępie, *prokurator opisał* zdarzenia, które doprowadziły do śmiertelnego wypadku. *Stwierdził, że* Mariusz K. pił alkohol zanim wsiadł do samochodu. Rano przed sądem przesłuchiwani byli świadkowie.

Jeden z nich stwierdził, że Mariusz K. regularnie prowadził samochód po pijanemu.

Sąd następnie przesłuchał innego *świadka, który powiedział, że* kierowca luksusowego BMW (Mariusz K.) nawet nie próbował hamować.

C

1 jestem 2 byłam 3 musimy 4 stoją

D

1   kto jest na tym zdjęciu.

2   kiedy pojadę na wakacje.

3   gdzie mieszkam.

4   że muszę już iść.

5   czy pamiętam o urodzinach Mamy.

E

1   Prasa *podała*, że Królowa Elżbieta II przyjeżdża do Polski.

2   Anita Włodarczyk *wspomina*, że w pierwszych dniach po wygraniu mistrzostw świata panowała euforia.

3 Lekarz _zalecił_, żebym przestał palić.

4 Rafał _zaproponował_, że przyjdzie o szóstej.

5 Tato _obiecał_, że jutro pójdziemy na długi spacer do parku.

F

1 że **2** czy **3** że

G

1 Tato obiecał, że pójdziemy jutro na spacer.

2 Kompletnie nie zgadzam się.

3 Ewa powiedziała, że chciałaby przyjść na obiad.

4 Tadek zasugerował, że możemy pójść na mecz razem.

5 Myślę, że ona nie ma racji.

6 Julek zapytał kiedy możemy zobaczyć się z Markiem.

7 Zapytali kto wygrał mistrzostwa.

H

1 e **2** c **3** a **4** d **5** b

I

1 The Interrogation

2 The Crime and Punishment

3 The Whole Sentence of the Dead Man (Dead Man's Tale)

4 The Attacker

5 The Perpetrator and the Victim

J

1 Zbyszka przesłuchiwał Komisarz Potocki.

2 Zbyszek nie wszystko pamięta.

K

1 Proces odbył się wczoraj. / Wczoraj odbył się proces.

2 Najpierw przesłuchano oskarżonego.

3 Oskarżony nie przyznał się do winy.

4 W trakcie dochodzenia znaleziono dowody kryminalistyczne – odciski palców i ślady DNA.

5 Świadek rozpoznał oskarżonego.

6 Sędzia skazał oskarżonego na rok więzienia.

7 Zbyszek całkowicie zgadza się z wyrokiem. Uważa, że dowody były niezbite.

L

Oficer policji zapytał mnie czy pamiętam; Twierdził, że; Zaprzeczył, żeby; Powiedział, że; świadka, który powiedział, że

M

1 Całkowicie zgadzam się, **2** zdaniem, **3** Po pierwsze, **4** po drugie, **5** Czy Pana zdaniem, **6** Myślę, **7** Uważam, że

Unit 12

A

beautifully

B

Pan Andrzej obudził się *późno*. Bolała go głowa i czuł się *źle*. Niestety, nie mógł wziąć wolnego dnia. Miał *dużo* pracy. Wstał, wziął prysznic i ubrał się *powoli*. Zjadł smaczne śniadanie. Wyszedł *niechętnie* z domu. Na dworze było *jesiennie*, *zimno* i padał deszcz. *Długo* czekał na autobus. W autobusie było *ciasno*. Pan Andrzej żałował, że wstał z łóżka. Był w okropnym humorze.

C

obudził się *późno* – verb

czuł się *źle* – verb

dużo pracy – noun

ubrał się *powoli* – verb

Wyszedł *niechętnie* – verb

było *jesiennie*, *zimno* – verb

Długo czekał – verb

było *ciasno* – verb

D

1 drogo 2 łatwo 3 blisko 4 szybko 5 wolno 6 trudno 7 rzadko 8 jasno

E

1 pracowicie 2 słusznie 3 śmiesznie 4 dokładnie 5 błędnie 6 chciwie 7 cierpliwie 8 magicznie 9 fałszywie

F

1. from tip to toe
2. under the stars / in the open air
3. sooner or later
4. shoulder to shoulder
5. with one's heart in one's mouth
6. in advance
7. roughly
8. with open arms
9. (with) hand on heart
10. (for) half price

G

1. Mieszkam dość blisko.
2. Ojciec ciekawie opowiadał nam historie.
3. Byłem bardzo zaskoczony wizytą Tomka.
4. To było bezsprzecznie wielkie odkrycie.

H

1 naukowcem 2 prowadziła badania naukowe 3 eksperymenty 4 dokonała odkrycia 5 pionierem 6 Uniwersytecie 7 profesorem

I

1. W tekście wspomniane są: peryskop, witaminy, zegarki na rękę, kamizelki kuloodporne I wykrywacze min.
2. Mikołaj Kopernik i Maria Skłodowska – Curie

J

1 Kazimierz Funk odkrył witaminy. / Witaminy odkrył Kazimierz Funk.

2 Jana Szczepanika nazywano polskim Edisonem.

3 Jan Szczepanik skonstruował pierwszą kamizelkę kuloodporną.

4 Józef Kosacki skonstruował wykrywacz min.

5 Antoni Patek zaprojektował pierwszy zegarek na rękę.

K

Co świat zawdzięcza Polakom? Od peryskopu przez witaminy, zegarki na rękę, kamizelki kuloodporne do wykrywaczy min. Polacy _zawsze_ wnosili ogromny wkład do rozwoju nauki i techniki. _Zarówno_ w kraju jak i na emigracji Polacy _uparcie_ i _wytrwale_ pracowali nad wynalazkami. Posuwali _naprzód_ naszą wiedzę o świecie naturalnym. Kim byli? Mikołaj Kopernik czy Maria Skłodowska – Curie są _dość dobrze znani_. Ale oprócz nich są inni – _często nieznani_ lub _zapomniani_.

Antoni Patek (1812–77) _odważnie_ walczył w Powstaniu Listopadowym. Po upadku powstania wyemigrował do Szwajcarii gdzie założył firmę zegarmistrzowską znaną _dzisiaj_ jako Patek Phillipe. Zaprojektował i skonstruował pierwszy zegarek _na rękę_.

Jan Szczepanik (1872–1926), nazywany _często_ polskim Edisonem, był _głęboko_ zaangażowany w pracę nad barwnikami do tkanin i do fotografii. Skonstruował pierwszą kamizelkę kuloodporną.

Józef Kosacki (1909–90) inżynier, wynalazca i żołnierz Polskich Sił Zbrojnych w Wielkiej Brytanii. W 1941 roku skonstruował wykrywacz min. Jego konstrukcja _niezmiennie_ trwała przez 50 lat. Kosacki _nigdy_ nie opatentował wynalazku. _Po prostu_ ofiarował go Armii Brytyjskiej. Jego wynalazek _bezsprzecznie_ ocalił życie milionom ludzi.

Kazimierz Funk (1884–1967) biochemik, twórca nauki o witaminach. Odkrył witaminę B1 i prowadził _długoletnie_ badania nad hormonami i przyczynami raka.

Czy wiesz kto wynalazł spinacz biurowy albo projektor filmowy; kto zbudował pierwszą rafinerię; kto wynalazł hologram, a kto zaprojektował skrzydło delta?

Zobacz naszą wystawę. Dowiesz się _więcej_ o fascynującej historii polskich wynalazców i odkrywców.

L

na rękę

Po prostu

M

1 Kopernik był słynnym astronomem i naukowcem.

2 Maria Skłodowska-Curie była polskim naukowcem.

3   Jan Szczepanik skonstruował pierwszą kamizelkę kuloodporną.

4   Antoni Patek wyemigrował do Szwajcarii.

5   Polscy naukowcy są nieznani lub zapomniani.

Unit 13

A

1 dobrze 2 bardzo 3 szybko 4 ładnie 5 powoli

B

1 długo 2 Najpierw; potem 3 późno 4 dawno 5 wcześnie

C

1 w prawo 2 Wszędzie 3 daleko 4 Niedaleko 5 Nigdzie

D

1 czerwono 2 zimno 3 południu 4 ciepło/słonecznie

E

1 zimniej 2 chętniej 3 najtaniej 4 najdalej 5 piękniej 6 śmieszniej

F

None of the adverbs are derived from adjectives.

G

1 Najbardziej ekstrawagancko 2 ciężko 3 dobrze 4 źle 5 bardziej interesująco

H

Adverbs of time	Adverbs of manner	Adverbs of place
niedawno, często, rzadko, długo, niedawno, niedługo	gorzko, dlaczego, kwaśno, słodko, gorąco słabo, słusznie, staro	gdziekolwiek, nisko, wysoko, daleko, blisko, gdziekolwiek

I

1 około 2 Każdy 3 nawet 4 z innymi 5 nawet 6 dlatego 7 przez całe życie 8 Im więcej 9 tym więcej 10 niesamowicie 11 jakiś 12 inny 13 nieco 14 taką samą 15 na sekundę

J

1 Zdrowy styl życia **2** myśleć pozytywniej **3** zdrowo **4** za dużo **5** ruchu **6** zdrowie fizyczne
7 zdrowie psychiczne **8** zdrowa żywność **9** zdrowie psychiczne **10** stresu

K

1 Profesor Michałowski jest psychologiem, terapeutą i autorem wielu książek.

2 Profesor Michałowski pisze książki o utrzymaniu dobrej kondycji fizycznej, psychicznej i duchowej.

L

1 Lepiej iść na spacer niż oglądać telewizję.

2 Modlitwa lub medytacja są lepsze niż leki antydepresyjne.

3 Tak, nawyki żywieniowe są bardzo ważne.

4 Ryby trzeba jeść przynajmniej raz w tygodniu.

5 Najlepiej rozwiązywać krzyżówki, szarady, rebusy i łamigłówki.

M

Prezenter:	Witam państwa. Dzisiaj naszym gościem w studiu jest Profesor Adam Michałowski – psycholog, terapeuta, autor *wielu* książek o utrzymaniu dobrej kondycji fizycznej, psychicznej i duchowej.
Prof. Michałowski:	Dzień dobry.
Prezenter:	Panie Profesorze, czego *najbardziej* potrzebuje nasz mózg, żeby prawidłowo funkcjonować?
Prof. Michałowski:	*Najważniejsze*, to *nieustannie* ćwiczyć – nie tylko nasze ciało i umysł, ale i ducha. *Lepiej* iść na spacer do parku czy do lasu niż oglądać telewizję; *lepiej* czytać książki niż siedzieć *bezczynnie*. *Lepiej* modlić się lub medytować niż brać leki antydepresyjne.
Prezenter:	A jakie znaczenie ma *odpowiednie* odżywianie?
Prof. Michałowski:	Nawyki żywieniowe są *ogromnie ważne* – *najbardziej odpowiednie* dla naszego organizmu są warzywa i owoce; *umiarkowanie* – mięso, a *najmniej* korzystne są słodycze. *Przynajmniej* raz w tygodniu trzeba jeść ryby – *najlepiej* łososia, makrelę lub sardynki.
Prezenter:	A jak zachować dobrą pamięć?
Prof. Michałowski:	Pamięć trzeba ćwiczyć tak jak mięśnie. Pamięć to nasza baza danych. *Najlepiej* rozwiązywać krzyżówki, zagadki, rebusy, szarady, łamigłówki – słowem, różne rozrywki umysłowe.

N

1   Lepiej tańczyć niż oglądać telewizję.

2   Nigdy nie chodzę do kina.

3   Czy często tu przychodzisz?

4   To jest gdzieś tutaj!

5   Trzeba ćwiczyć pamięć.

O

1 a 2 c 3 b 4 b

P

A healthy mind in a healthy body.

Unit 14

A

They are adverbs of degree.

B

1 strasznie 2 zbyt dużo 3 dokładnie 4 trochę 5 Całkiem

C

1 a 2 b 3 a 4 b

D

1 Na pewno 2 niestety 3 Tylko 4 Prawdę mówiąc 5 Nawiasem mówiąc

E

1 natychmiast 2 wkrótce 3 raz w tygodniu 4 potem 5 tym razem

F

1 wszędzie 2 daleko od 3 Nigdzie 4 Tutaj 5 na zewnątrz; wewnątrz

G

1 time 2 manner 3 manner

H

1 pejzaże **2** tajemniczo **3** dziś całkiem **4** krajobrazy **5** Najbardziej **6** majestatycznie **7** Równie
8 obraz **9** żywiołowo **10** akwarele **11** kilkanaście **12** mistrzowsko **13** widoki gór

I

1 Henryk interesuje się fotografiką.

2 "Polska znana i nieznana"

3 Henryk co roku bierze udział w konkursach.

J

1 Adam Bujak

2 Tak, Adam Bujak bierze udział w wystawie.

3 Mniej popularne miejsca prezentowane na wystawie to: Krzywy Las koło Gryfina, Góry Stołowe w Sudetach, Przylądek Stilo, wyspa Wolin nad Morzem Bałtyckim.

4 Henryk lubi fotografować miejsca mało znane, z dala od turystycznych szlaków.

5 Zaborek jest na Podlasiu.

6 Zdjęcie przedstawia ruiny kościoła na klifie nad Bałtykiem.

K

1 zimowy (romantyczny would also be grammatically correct) **2** romantyczny (zimowy would also be grammatically correct) **3** gęste **4** tajemnicze **5** strome **6** głęboki

L

1 Dziękuję

2 Kiedy je zrobiłeś?

3 Jesienią ubiegłego roku / jesienią w ubiegłym roku

4 Pogoda była okropna

5 były bardzo trudne

6 interesujące miejsce

7 Spędzałem wakacje nad Bałtykiem

8 wyglądały bardzo tajemniczo

M

1 A **2** C **3** D **4** B

N

1 Giewont o świcie **2** Szczyt Mnich w śniegu **3** Przed burzą

Unit 15

A

1 który **2** który **3** których **4** które **5** która **6** które **7** który

B

1 którego **2** którego **3** o której **4** której **5** które

C

1 który **2** który **3** która **4** która **5** który **6** które **7** których **8** których **9** którym **10** których **11** której **12** które **13** których

D

Gdzie

E

1 Słuchanie muzyki rozrywkowej *jest zabronione* w niektórych krajach. / *Nie wolno słuchać* muzyki rozrywkowej w niektórych krajach / W niektórych krajach *nie wolno słuchać* muzyki rozrywkowej.

2 Słuchanie muzyki rozrywkowej *było zabronione* w niektórych krajach. / *Nie wolno było słuchać* muzyki rozrywkowej w niektórych krajach / W niektórych krajach *nie wolno było słuchać* muzyki rozrywkowej.

3 Robienie zdjęć było zabronione / Nie wolno było robić zdjęć.

4 Pływanie jest zabronione / kąpiel jest zabroniona w czerwcu i lipcu. / Nie wolno pływać / kąpać się w czerwcu i lipcu

F

1 No smoking **2** No photography **3** No crossing (the border) **4** No swimming **5** No entry **6** Dropping rubbish strictly forbidden / No litter

G

1 Nowe zakazy pracy dla kobiet. New work restrictions for women.

2 Kibicom grozi zakaz wstępu na stadiony. Football fans are threatened with the ground entry ban.

3   Nici z grzybów. Zakaz wstępu do lasu. Mushroom picking (plans went) down the pan. No entry to the forest.

4   Dziwaczne zakazy we Włoszech. Weird bans in Italy.

5   Futra naturalne – czas na zakaz. Natural fur – time to ban (them).

6   Zakazy – jak mówić, żeby dzieci nas słuchały. Banning – how to say it to make children listen.

H

1   Jan pokazuje Maxowi w parku popiersia słynnych Polaków.

2   Popiersia inspirowały do poznawania polskiej historii.

I

1   Max nie słyszał o niektórych wielkich Polakach bo w czasach komunizmu nie wolno było o nich mówić.

2   Witold Pilecki był jednym z największych bohaterów II wojny światowej.

3   Witolda Pileckiego nazywa się Żołnierzem Wyklętym.

4   Jan woli nazywać go Żołnierzem Niezłomnym.

5   Nie wolno było słuchać muzyki Chopina, bo uważano ją za bardzo patriotyczną.

6   Wojtek jest niedźwiedziem i żołnierzem.

J

1 zabronione 2 nie wolno 3 zabronionych

K

1   To są popiersia, które inspirują do poznawania polskiej historii.

2   Ten park przypomina mi park w Nowym Jorku.

3   Witold Pilecki był jednym z największych bohaterów drugiej wojny światowej.

4   Czytanie literatury polskiej I słuchanie radia było zabronione.

5   Dzieciom nie wolno bawić się na zewnątrz.

6   Zakaz kąpieli.

L

1   no swimming 2 no playing football 3 no video / no filming 4 no fishing / angling
5 no photography 6 no litter

Unit 16

A

1 czekając **2** pracując **3** ucząc **4** robiąc **5** będąc

B

1 mówiąc **2** Myśląc **3** Będąc

C

1 widziawszy **2** posłuchawszy **3** przyszedłszy **4** sprzedawszy **5** kupiwszy **6** otrzymawszy

D

Imperfective verb infinitive	Present adverbial participle	Present active adjectival participle			
		Masculine	**Feminine**	**Neuter / non virile plural**	**Virile plural**
pracować	pracując	pracujący	pracująca	pracujące	pracujący
siedzieć	siedząc	siedzący	siedząca	siedzące	siedzący
bawić (się)	bawiąc (się)	bawiący(się)	bawiąca (się)	bawiące (się)	bawiący (się)
chodzić	chodząc	chodzący	chodząca	chodzące	chodzący

E

Verb	Adjectival		Adverbial	
	Active	**Passive**	**Present**	**Past**
brać	biorący	brany	biorąc	n/a
sprzedawać	sprzedający	n/a	sprzedając	n/a
usłyszeć	n/a	usłyszany	n/a	usłyszawszy
powiedzieć	n/a	powiedziany	n/a	powiedziawszy
zapłacić	n/a	zapłacony	n/a	zapłaciwszy
nosić	noszący	noszony	nosząc	n/a
czyścić	czyszczący	czyszczony	czyszcząc	n/a
piec	piekący	pieczony	piekąc	n/a

F

1 rozmyślając 2 zamarznięty 3 świecące 4 odwracając 5 wystraszona 6 potłuczona 7 podnosząc 8 zważając 9 biegnącą 10 dotarłszy 11 podniósłszy 12 spadający 13 nadwyrężone

G

Participles			
Adjectival		Adverbial	
active	passive	present	past
świecące	zamarznięty	rozmyślając	dotarłszy
biegnącą	wystraszona	odwracając	podniósłszy
spadający	potłuczona	podnosząc	
	nadwyrężone	zważając	

H

Past adjectival participles which end in -o are used when we talk in general terms and the subject of the action is not specified.

I

1 Nigdzie 2 Nigdy 3 Nikt 4 Nic

J

1 Krystian pyta czy Sean ma ochotę pracować jako wolontariusz.

2 Potrzeba archeologów, antropologów i techników kryminalistyki do badań wykopaliskowych.

K

1   Wystawa jest o historii Żołnierzy Niezłomnych / Wyklętych.

2   Byli ścigani, potem aresztowani, uwięzieni i straceni.

3   Krystian i Adam spędzają wakacje poszukując grobu swojego dziadka.

4   Helenka, żona Adama dołączyła do nich.

5   Sean'a szczególnie zainteresowało zdjęcie Żołnierzy Niezłomnych.

L

participles: wahając się, zaintrygowany, pochowany, zaproszony, Milcząc, otwartą, zamordowani walcząc, ścigani, aresztowani, uwięzieni, pochowani, Poznawszy, straceni, pracując, poszukując, mając, stojący, znajomy

negatives: Nie rozumiem, nie wiem, nikt nie wie, nie masz nic, nigdy nie za wiele, Nie wiadomo, Nie, to niemożliwe

M

1 Nie ma tu nikogo. **2** Nie! To niemożliwe! **3** Nie wie gdzie on jest. **4** Nic nie da się zrobić. / Nic nie można zrobić

N

1 Nikt **2** Nigdzie **3** nikomu **4** Nie wolno **5** Nic

O

1   You can't see anything here.

2   I don't talk to anybody about this matter.

3   I never knew about it.

4   Nobody ever forbade anybody (doing it).

Unit 17

A

All nouns are in plural.

B

1 tygodnie **2** hotele **3** Pociągi **4** goście **5** klucze

C

1 ogrodnicy **2** lekarze, archeolodzy architekci **3** bracia **4** mężowie

D

1 pokoje **2** parasole **3** tysiące **4** miesiące **5** gazy **6** ślady **7** numery **8** sklepy **9** lekarze

E

1 córki **2** nogi **3** ryby **4** strony **5** figi **6** stacje **7** niedziele **8** Angielki **9** grusze

F

1 krzesła **2** kina **3** radia **4** nazwiska

G

They do not have a singular form. They only exist in the plural.

H

1 malarze **2** artyści **3** pisarze **4** muzycy **5** naukowcy **6** synowie **7** wnuczki **8** pisarki

I

Professions	Nationalities	Countries
żołnierzami, kupcami, inżynierami, architektami, malarzami, kucharzami	Szkoci, Anglicy, Niemcy, Rosjanie, Żydzi, Francuzi, Włosi, Polacy	Polsce, Francji, Anglii, Australii, Szwajcarii, Chile, Ameryce

J

1 Agnieszka jest kuzynką Helenki.

2 Agnieszka mieszka w centrum Warszawy w starej kamienicy.

K

1 Nie, nie wszyscy wolontariusze są Polakami.

2 Wolontariusze z Anglii, Ameryki (Stanów Zjednoczonych), Kanady, Włoch, Holandii i Niemiec pracują przy projekcie. / Przy projekcie pracują wolontariusze z Anglii, Ameryki (Stanów Zjednoczonych), Kanady, Włoch, Holandii i Niemiec

3 Powstanie Warszawskie i bitwa o Anglię.

4 Wielu polskich pilotów służyło w RAF-ie.

5 Prawda.

L

1 Polki były pilotkami / pilotami (both forms are acceptable here).

2 Wśród wolontariuszy są Anglicy, Amerykanie i Kanadyjczycy.

3 Niewiele wiem o moich przodkach.

4 Mój ojciec zginął w Powstaniu Warszawskim.

5 Mój stryj / wuj walczył w bitwie o Anglię.

6 Czy masz krewnych w Anglii?

7 Szkoci w Polsce byli kupcami.

8 Wielu Włochów jest artystami.

9 Polska była atrakcyjnym krajem dla cudzoziemców.

10 Moi przodkowie żołnierzami, złotnikami i architektami.

Unit 18

A

1 jedną 2 jedno 3 jeden 4 jedną 5 jednym

B

1 dwa 2 dwa 3 dwóch 4 Dwie 5 dwa

C

(from row 10)

	Numerals		Adjectives	Adverbs	English
	Cardinal	Ordinal			
10	dziesięć	dziesiąty/-a/-e	*dziesięciokrotny/* *dziesięciokrotna* *dziesięciokrotne*	*dziesięciokrotnie*	ten times
11	jedenaście	jedenasty	*jedenastokrotny /* *jedenastokrotna* *jedenastokrotne*	*jedenastokrotnie*	eleven times
12	dwanaście	dwunasty/-a/-e	*dwunastokrotny* *dwunastokrotna* *dwunastokrotne*	*dwunastokrotnie*	twelve times
13	trzynaście	trzynasty/-a/-e	*trzynastokrotny* *trzynastokrotna* *trzynastokrotne*	*trzynastokrotnie*	thirteen times
14	*czternaście*	*czternasty* *czternasta* *czternaste*	*czternastokrotny* *czternastokrotna* *czternastokrotne*	*czternastokrotnie*	fourteen times
15	*piętnaście*	*piętnasty* *piętnasta* *piętnaste*	*piętnastokrotny* *piętnastokrotna* *piętnastokrotne*	*piętnastokrotnie*	fifteen times
16	*szesnaście*	*szesnasty* *szesnasta* *szesnaste*	*szesnastokrotny* *szesnastokrotna* *szesnastokrotne*	*szesnastokrotnie*	sixteen times

17	*siedemnaście*	*siedemnasty*	*siedemnastokrotny*	*siedemnastokrotnie*	seventeen times
		siedemnasta	*siedemnastokrotna*		
		siedemnasty	*siedemanstokrotne*		
18	*osiemnaście*	*osiemnasty*	*osiemnastokrotny*	*osiemnastokrotnie*	eighteen times
		osiemnasta	*osiemnastokrotna*		
		osiemnaste	*osiemnastokrotne*		
19	*dziewiętnaście*	*dziewiętnasty*	*dziewiętnastokrotny*	*dziewiętnastokrotnie*	nineteen times
		dziewiętnasta	*dziewiętnastokrotna*		
		dziewiętnaste	*dziewiętnastokrotne*		

D

1 ośmiokrotna 2 dziesięciokrotny 3 trzykrotny 4 pięciokrotny 5 jedenastokrotna
6 dziewiętnastokrotny

E

1 epoka 2 wiek 3 tysiąclecie 4 dekada 5 stulecie

F

1   Hour of the detectives

2   Decade of the Polish change

3   Decade of the geniuses

4   Century of the surgeons

5   The Prima donna of the century

6   The bird of the sad century.

7   Century of the annihilation.

8   The end of the millennium

G

1   for boys and girls age 10–12

2   the eliminations for boys are on 12 April at 10.00

3   the final for girls is on 13 April at 15.00

4   entry is free

5   the trophy is a 'Musketeer's sword' (in fencing as a sport known as épée)

H

uprawiał boks, skok w dal, grał w piłkę, szermierka

I

pierwszej, osiemnaście, dziewiętnaście, czterokrotnym, siedmiokrotnie, dwukrotnie

J

1 podwójne 2 dwadzieścia pięć 3 dziesięciu

K

1 Jeff niewiele wie o szermierce.

2 Piotr wie bardzo wiele o szermierce; interesuje się szermierką i jest znawcą sportu.

L

1 Piotr uprawiał pięciobój nowoczesny.

2 Na pięciobój nowoczesny składają się: szermierka szpadą, jazda konna, strzelanie z pistoletu, pływanie i bieg przełajowy.

3 W starożytności na pięciobój składały się: bieg na stadionie, rzut dyskiem, rzut oszczepem, zapasy i skok w dal.

4 Turniej nazywa się „O Szablę Wołodyjowskiego".

5 Inspiracją dla Piotra był Jerzy Pawłowski.

M

1 F – Michał Wołodyjowski był pułkownikiem w służbie hetmana Sobieskiego.

2 T

3 F – Jerzy Pawłowski był podwójnym szpiegiem.

4 F – Jerzy Pawłowski spędził dziesięć lat w więzieniu.

N

1 Waldemar Baszanowski 1969

2 3 times

3 1935

4 Sobiesław Zasada

5 piłka nożna / futbol

Unit 19

A

Verb (infinitive)	Noun (nominative/accusative)
pić	herbata/herbatę
zamówić	kawa/kawę
lubić	czekolada/czekoladę
piec	ciasto/ciasto
jeść	obiad/obiad
widzieć	Tomek/Tomka
oglądać	film/film
czuć	ból/ból
mówić	prawda/prawdę
czytać	artykuł/artykuł
sprzątać	mieszkanie/mieszkanie

B

Verb (infinitive)	Noun (accusative/genitive)
nie pić	herbatę/herbaty
nie zamawiać	kawę/kawy
nie lubić	czekoladę/czekolady
nie piec	ciasto/ciasta
nie jeść	obiad/obiadu
nie widzieć	Tomek/Tomka
nie oglądać	film/filmu
nie czuć	ból/bólu
nie mówić	prawdę/prawdy
nie czytać	artykuł/artykułu
nie sprzątać	mieszkanie/mieszkania

C

1 pieniędzy/pracy/wolności/prawa/spokoju/przepisów

2 prawa/pracy/wolności/spokoju/przepisów

3 alkoholu

4 prawa/pieniędzy/wolności/spokoju

5 pieniędzy/śmieci

6 pieniędzy

D

1 pragnąć **2** przestrzegać **3** słuchać **4** szukać **5** unikać **6** używać **7** życzyć

E

1 ojcu **2** mamie **3** wszystkim **4** mężowi **5** więźniowi

F

1 malarzem **2** naukowcem **3** autobusem **4** samolotem **5** jachtem

G

1 a, b, c, d, e

2 a, b, e

3 a, c

4 a, b, c, d, e

5 a, b, c, d, e

H

1 *to forget something* (use genitive)

2 *to forget about something* (use locative)

3 *to forget* meaning *to forgive* (use dative)

I

1 Yes – oregano/papryka/tymianek

2 Fałsz

3 prawda

J

1 Mateusz poda na obiad rosół z makaronem, kotlet schabowy, ziemniaki i surówkę.

2 Marchewka, pietruszka seler i por.

K

1 Niektóre warzywa, które zawiera „włoszczyzna" sprowadziła do Polski królowa Bona Sforza z Włoch.

2 Pra-prababka Mateusza, Weronika, była kucharką w pałacu Lubomirskich.

3 Pra-dziadek Mateusza, Edward, był kuchmistrzem, dziadek Mateusza był cukiernikiem, a kuzyn Mateusza jest kucharzem w jednej z najlepszych restauracji w Krakowie.

4 Mięso najpierw trzeba opłukać, potem ubić na cienkie plastry, obtoczyć w mące, w jajku i w bułce tartej, a potem smażyć na złoty kolor.

5 Mama Mateusza upiecze szarlotkę.

6 Tradycyjnie szarlotka podawana jest na zimno.

7 Rodzina Mateusza posiada sporą kolekcję cennych książek kucharskich.

8 Mateusz kupuje żywność na Starym Kleparzu.

L

rosół makaron kotlet schabowy ziemniaki surówka szarlotka lody zupa kurczak włoszczyzna warzywa marchewka pietruszka seler por mięso mąka jajko bułka tarta ciasto jabłka owoce pieczywo nabiał bakalie kasze miód

M

1 bigos	2 naleśniki	3 pierogi	4 gołąbki
kiszona kapusta	jajko	kiszona kapusta	liście kapusty
suszone grzyby	mąka	suszone grzyby	suszone grzyby
mielona cielęcina	biały ser	mielona cielęcina	ryż
	bita śmietana	jajko	bulion
	owoce	mąka	
		owoce	

Unit 20

A

1 świta 2 zmierzcha 3 pachnie 4 Zbiera

B

1 Było smutno 2 Bolało 3 Świtało 4 Było słychać radio

C

1   Zakazano palenia.

2   Sprawdzano bilety.

3   Mówiono o klęsce opozycji.

4   Zapowiadano deszcz.

5   Dobrze bawiono się na balu sylwestrowym.

D

1   ściemnia się **2** Zbierało się na deszcz **3** Grzmiało **4** Było duszno / było parno

E

1   Co słychać? **2** Wesoło ci? **3** Chce mi się pić. **4** Czuć dym. **5** Słabo mi.

F

1 ☑   2 ☑   3 ☑   4 ☑   5 ☑   6 ☑

G

1   'I feel sad Oh God' – Yes

2   'We were deceived' – Yes

3   'Storm (or love)' – No, it's not a sentence

4   'The Tempest' – No, it's not a sentence

H

1 f **2** b **3** a **4** e **5** c **6** d

I

1 a **2** b **3** b **4** c

J

1 powódź **2** susza **3** trzęsienie ziemi **4** huragan **5** erupcja wulkanu

K

1   Max i Paweł wybrali się na wycieczkę do Rudna.

2   Była ładna pogodna / dzień był pogodny, niebo bez chmur, wiał lekki wiatr.

L

1 W zamku rozpoczęto prace konserwatorskie.

2 Dorotka była żoną jednego z właścicieli zamku.

3 W zamku często organizowane są wystawy przedstawienia teatralne.

4 Latem wystawiono „Burzę" Szekspira.

5 W zamku więziono jeńców krzyżackich po bitwie pod Grunwaldem.

6 W 1518 (tysiąc pięćset osiemnastym) roku w zamku zatrzymała się Bona Sforza.

7 Zamek odwiedzili Mikołaj Rej i Jan Kochanowski.

8 Paweł rysuje i fotografuje kiedy odwiedza zamek.

M

1 T

2 F, W zamku odbywają się imprezy artystyczne i rozpoczęto prace konserwatorskie.

3 F, Z zamku widać okolice Krakowa.

4 T

5 T

N

1 Zbierało się na deszcz 2 Ściemniło się 3 Było parno 4 Lunął deszcz 5 Zerwał się silny wiatr

O

1 Bawiono się 2 Rozpoczęto 3 Grzmiało 4 Bolało 5 Pomalowano 6 Zorganizowano

Adjectives	Words which modify nouns – **nowy samochód** (*a new car*), **interesująca książka** (*an interesting book*). In Polish adjectives change the ending to match the gender of nouns they modify.
Adverbs	Words which modify verbs – **mówić powoli** (*speak* slowly). Some adverbs are derived from adjectives and end in **-o** or **-e**. Some adverbs are irregular. Adverbs don't change endings. You can create comparative and superlative forms e.g. **ciepło** (*warm*), **cieplej** (*warmer*), **najcieplej** (*the warmest*).
Aspect	Polish verbs fall into one of two categories known as aspect – imperfective and perfective. Imperfective verbs refer to actions which are either ongoing or incomplete. Perfective verbs refer to completed actions.
Cases	Polish nouns have different forms to express grammatical case, related to the function of a noun in a sentence. There are seven cases: nominative, genitive, dative, accusative, instrumental, locative and vocative.
Conjugation	Conjugation is a change in the form of a verb which may signal a certain voice, mood, tense, number or person. In other words, conjugations will give information about certain characteristics of the verb being used. Broadly speaking, there are four verb conjugations, or 'patterns of behaviour' of verbs.
Gender	In Polish, nouns, both animate and inanimate, have *grammatical* gender: masculine, feminine or neuter. Grammatical gender does not necessarily follow a biological gender, e.g. **dziecko** (*child*) is grammatically neuter, regardless of whether the child is a girl or a boy.
Infinitive	This is a basic form of a verb which you will find in a dictionary. In Polish, most infinitives end in **-ć**, e.g. **kupić**, **uczyć**, although a small group will end in **-c**, e.g. **piec** (*to bake*), **biec** (*to run*).
Intransitive verbs	Intransitive verbs cannot have a direct object and cannot be used in the passive voice.
Mood	Polish verbs have can have conditional or subjunctive moods. Moods show the mode or manner in which a thought is expressed.
Nouns	Nouns are words which denote a person – **chłopiec** (*a boy*), an object – **lampa** (*a lamp*), an animal – **pies** (*a dog*), or an idea – **smutek** (*sadness*), **szczęście** (*happiness*).
Reflexive verbs	Reflexive verbs are used when the person doing the action is the same as the person receiving the action. They are always used with a reflexive pronoun **się** or **sobie**, e.g. **ubieram się** (*I'm getting dressed [I'm dressing myself]*).
Stem/Ending	A stem is the part of a word which remains unchanged and to which an ending is added, e.g. in the word **głowa** (*head*), **głow-** is the stem and **-a** is the ending.
Subject	The subject of the sentence is the person or thing that carries the action, e.g. **Tomek czyta książkę** (*Tomek is reading a book*).
Transitive verbs	Transitive verbs are verbs which have a direct object, e.g. **mam samochód** (*I have a car*).
Virile / Non-virile verb forms	Virile verb forms are used for masculine persons or groups including masculine persons, e.g. **ojcowie byli** (*fathers were*), **rodzice byli** (*parents were*), while non-virile verb forms are used for groups which do not contain any male persons, e.g. **kobiety były** (*women were*), **matki były** (*mothers were*).

Verb governance	In Polish a verb is said to 'govern' a noun, which complements it by requiring it to be in a particular grammatical case (nominative, genitive, dative, accusative, instrumental or locative). So for instance the verb **mieć** (*to have*) requires the noun that follows it to be in accusative case. In the sentence **Mam samochód** (*I have a car*), **samochód** (*a car*) is in accusative case. For this reason, it is helpful to know the prompt questions that are linked to each case: Nominative – *Who? What?* **Tomek jest Polakiem**. (*Tomek [who?] is Polish*.) Genitive – *Whose? Of what?* **To jest dom Tomka**. (*This is Tomek's [whose?] house*.) Dative – *To whom? To what?* **Daj Tomkowi klucze**. (*Give the keys to Tomek. [to whom?]*) Accusative – *Whom? What?* **Widzę Tomka**. (*I can see Tomek. [whom?]*) Instrumental – *With whom? With what?* **Idę z Tomkiem**. (*I'm walking with Tomek. [with whom?]*) Locative – *About whom? About what?* **Rozmawiamy o Tomku**. (*We are talking about Tomek. [about whom?]*)
Voice	'Voice' is characteristic of verbs, and denotes whether the subject is doing the action, if the action is done by the subject or if subject is doing the action to him/herself. In Polish we have the active, passive and reflexive voice.

GLOSSARY OF TARGET VOCABULARY

absolutna tajemnica	total secret
adwersarz	adversary
aforyzmy	aphorisms
argument	argument / point of view
badać	to research
bakalie	dried tropical fruit
barwniki	dyes
baszta/wieża	tower
baza danych	database
biorą udział	they take part
bociany	storks
bohater	hero
burza szalała	the storm was raging
chciano	it was wanted / they wanted
choroby zakaźne	infectious diseases
cudzoziemcy	foreigners
czwórka	here: four-in-hand
czynsz	rent
do remontu	for repair/ maintenance
duchy jeńców	ghosts of prisoners
dwukrotna laureatka Nagrody Nobla	twice the winner of the Noble Prize
dyliżansy pocztowe	mail coaches
dyskusja	discussion
galareta	jelly
kamizelka kuloodporna	bulletproof jacket / body armour
karmiciel wszy	feeder of lice
kasze	groats (e.g. buckwheat, barley, millet)
kościół na klifie	church on the cliff
królestwo	kingdom
książeczki oszczędnościowe	savings account

kursowały	plied / travelled on regular basis
listy szły	letters were sent
lotniska polowe	airfields
malować w plenerze	to paint outdoors
mam nadzieję	I hope
masz coś do roboty	you've got something to do
mieć coś wspólnego	to have something to do with
miejsce ostatniego spoczynku	a place of the last (final) rest
miejsce przestępstwa	the scene of crime
mieściła się	was located (feminine)
miód	honey
mleczarnia	dairy
myśli	thoughts
myśliwce	fighter aircrafts
na cześć Polski	in honour of Poland
na wstępie	as a way of introduction
narzekać	to complain
nawyki żywieniowe	eating habits
nic innego	nothing else
nie masz nic do roboty	you've got nothing to do
niedźwiedzie (singular niedźwiedź)	bears
nieumyślne zabójstwo	manslaughter
nigdy nie za wiele	never too much
nurkowie	divers
oberwać	(collq.) get a beating
obszar	area
odciski palców	fingerprints
oddanie zwycięstwa	to give the victory away

odpowiednie odżywianie	appropriate eating (habits)
osiedlać się > osiedlić się	to settle
oskarżony	accused
osobiście	personally
oznaczone	marked
palce lizać	yum-yum, moreish
peryferie	suburbs
pierwiastek chemiczny	chemical element
plebiscycie (plebiscyt)	contest
podzielić się	to share
pojedynek	fight, duel
polemika	polemic
popłynąć statkiem	to sail a ship
posiłek	meal
Powstanie Listopadowe	the November Uprising of 1830
praca naukowa	scientific career
prawdziwy poszukiwacz skarbów	the real/genuine treasure hunter
proces	court trial
prokurator	prosecutor
promieniowanie	radioactivity
prowadzić dochodzenie	to conduct an investigation
przenośne	portable
przesłuchiwać > przesłuchać	to interview / cross examine
prześladowanie	persecutions
przez całe życie	throughout our lives
przeżyć wojnę	to survive the war
przybrany	adopted
przybywać > przybyć	to arrive
publiczność	audience
RAF	Royal Air Force

robić się ciemno	to get dark
rozrywki umysłowe	[collective name for] puzzles
rozwiązanie	dissolution/solutions (to a problem)
różnorodność	variety
rysie (singular ryś)	lynxes
rywal	rival, opponent
rzut oszczepem	javelin throw
schronienie	shelter, safe haven
serdeczny przyjaciel	best friend
siedzieć bezczynnie	to sit idly
skazać	to sentence
skąd ty to wiesz?	how do you know it?
spędzić urlop	to spend holidays
sprawiać komuś przyjemność	to please, to pleasure, to enjoy
sprawność	functionality
sprzyjać	to favour
stadnina koni	riding stable / stud farm
szamotanina	scuffle
szpiega (szpieg)	spy
szukać > poszukać	to look for
szukać schronienia	to search for shelter/ safety
szybować	to glide
ścigać/ścigany	to pursue / pursued
ściśle poufne	strictly confidential
śmiertelny wypadek	fatal accident
świadek	witness
technik kryminalistyki	scene of crime investigator
to obejdę się bez widoku	I can do without a view
twórca	creator
ustanowiona	established (feminine)
usunąć	to remove

w służbie	*in service*	**zalany**	*flooded*
w starożytności	*in the ancient times*	**zaprzęg**	*horse drawn carriage*
w wyobraźni	*in (his) imagination*		
wilki (*singular* **wilk**)	*wolves*	**zarabiać na życie**	*to earn a living*
wszech czasów	*of all times*	**zegarmistrz**	*watchmaker*
wykład	*lecture*	**zgiełk**	*hustle and bustle*
wykrywacz min	*mine detector*	**zjadłem**	*I ate (masculine)*
wynająć	*to rent/let*	**zjawiska astronomiczne**	*astronomical phenomena*
z zamiłowania	*(by interest) passion for something*	**złożyć zeznanie**	*to give a statement*
z zawodu	*by profession*	**zrabowany**	*plundered*
zakon	*religious order*	**żywcem**	*alive*

Słówka / Vocabulary

Słówka / Vocabulary

Pożyteczne zwroty / Useful expressions

Pożyteczne zwroty / Useful expressions

Gramatyka / Grammar